Was ich von der Liebe weiß

Der Autor
Sir Peter Ustinov, geboren 1921 in London, ist Dramatiker, Romancier, Schauspieler und Regisseur, UNICEF-Botschafter und Träger des deutschen Kulturpreises 1994. Er lebt unter anderem in der Schweiz.

In unserem Hause sind von Peter Ustinov bereits erschienen:
Der Alte Mann und Mr. Smith
Gott und die Staatlichen Eisenbahnen
Ich und ich
Der Intrigant
Krumnagel
Der Mann, der es leicht nahm
Mit besten Grüßen
Peter Ustinovs geflügelte Worte
Über das Leben und andere Kleinigkeiten
Der Verlierer
Gott und die Staatlichen Eisenbahnen / Der Mann, der es leicht nahm

Peter Ustinov

WAS ICH VON DER LIEBE WEISS

Herausgegeben
von Bettina Foulon

List Taschenbuch

List Taschenbücher erscheinen im Ullstein Taschenbuchverlag,
einem Unternehmen der
Econ Ullstein List Verlag GmbH & Co. KG, München
1. Auflage 2001
Genehmigte Großschriftausgabe
© 2001 by Econ Ullstein List Verlag GmbH & Co. KG, München
Copyright © 1994 by ECON Verlag, Düsseldorf,
Wien, New York und Moskau.
Umschlagkonzept: HildenDesign, München – Stefan Hilden
Umschlaggestaltung: Grafikhaus, München
Titelabbildung: Peter Ustinov
Druck und Bindearbeiten: Ebner Ulm
Printed in Germany
ISBN 3-548-60168-5

Da ich auf keinerlei Gebiet Experte bin, sondern nur ein Schriftsteller und ergo Erforscher des menschlichen Herzens, habe ich nicht die geringsten Bedenken, meine Meinung kundzutun.

Peter Ustinov

Lachen ist Therapie, es läßt die Luft aus allem Feierlichen und Pompösen. Es ist meine höchstentwickelte Erfindung, meine vollendetste und raffinierteste Entdeckung, nur von der Liebe übertroffen.

* * *

Ein Kind ist nicht das einzige, das die Mütterlichkeit in einer Frau zum Vorschein bringt. Aber andererseits ist eine Mutter auch nicht ganz die richtige Frau für einen erwachsenen Mann.

Wie hätten Tristan und Isolde weiterleben können, wenn sie ein Kind bekommen hätten, oder Romeo und Julia? Die ganze Poesie wäre dahingewesen, sobald das Kind an die Brust gemußt hätte.
Ich glaube nicht, daß meine Eltern ein Liebespaar in diesem Sinne waren. Was sie vereinte, war weit weniger ehrgeizig, aber viel tiefer. Wagner wäre übrigens der letzte gewesen, der ihre Geschichte vertont hätte, dann schon eher Offenbach oder Mozart. Und Shakespeare wäre nicht der geeignete Autor gewesen. An guten Tagen Feydeau. Ansonsten Tschechow, mit etwas Unterstützung von Tolstoi oder Michael Arlen, doch in erster Linie wohl sie selbst.

Schokolade – ebenso wie die Liebe – im Übermaß genossen, wird schal.

* * *

Der liebe Gott war Junggeselle. Man kann daher wohl mit Recht vermuten, daß seine die Ehe betreffenden Gebote mehr theoretischer als praktischer Natur waren.

* * *

(Jules-César Benois war Küchenchef in der holländischen Gesandtschaft.) Offenbar erstreckte sich seine Meisterschaft nicht mehr allein auf Süß- und Backwaren, sondern umfaßte die gesamte Palette der Kochkunst. Er wurde so berühmt, daß er bald die Gesandtschaft im Stich ließ und unter Zar Paul I. zum »Maître de Bouche« ernannt wurde.

Wer es für einen ausgesprochenen Glücksfall hält, so rasch eine so gehobene Position zu erreichen, sollte fairerweise erfahren, daß der »Maître de Bouche« am Hofe Paul I. einen vergleichbaren Posten innehatte wie der Vorkoster bei Nero. Beide Herrscher verbrachten ihr Leben am Rande des Wahnsinns, waren jedoch normal genug, sich permanent vor Mordanschlägen zu fürchten, denen sie schließlich beide zum Opfer fielen.

Zar Paul spielte gern im Bett mit Zinnsoldaten. Die Zarin mußte mit Erstaunen erfahren haben, daß es zu ihren ehelichen Pflichten zählte, der Spielzeugartillerie als natürliches Hindernis zu dienen, welches diese überwinden mußte, wenn sie den Feind auf dem Federbett beschoß. (...)

Jeder Russe wäre wohl lieber nach Wladiwostok

marschiert, als die Aufgabe zu übernehmen, den Gaumen eines so degenerierten Herrschers zu kitzeln, und es mußte erst ein fähiger und tüchtiger Einwanderer ohne Kenntnis der ihn erwartenden Probleme kommen, um diesen Aufgabenbereich erfolgreich zu übernehmen.

Tatsächlich war er dermaßen erfolgreich, daß er sogar die königliche Anne ehelichte, eine erstaunlich zierliche Schönheit für diesen anstrengenden Beruf, wenn man den zeitgenössischen Miniaturen glauben darf. Fräulein Concordia Groppe und Jules-César überlebten nicht nur, sondern schmissen praktisch zu zweit den zaristischen Haushalt und fanden außerdem noch Zeit, siebzehn Kinder großzuziehen. Mit den Jahren bevorzugte Jules César die Schreibweise Jules-Césard, vielleicht, um mit einem zusätzlichen Spritzer Französisch im Namen dem Genießer seiner Speisen Vertrauen einzuflößen, wahrscheinlich jedoch, weil Rechtschreibung nicht zu seinen Stärken gehörte. Außerdem befand er sich in guter Gesellschaft, auch Shakespeare konnte sich ja schließlich nie entscheiden, wie sein Name zu buchstabieren sei. Daß man in den Schulen von heute auf einer genormten Rechtschreibung besteht, ist der Versuch, eine lebendige Sprache in Leichenstarre zu versetzen und ein ekstatisches Mittel des persönlichen Ausdrucks auf die eiskalten Korridore einer Computerwelt zu verbannen. Wie dem auch sei, Jules-Césard hinterließ seine Erinnerungen einem Buch, dessen Orthographie so unberechenbar ist, wie seine Gedankengänge sonnig und klar sind. Das Opus befindet sich, immer noch in Manuskriptform, in der Obhut eines anderen Ururenkels, Professor Fjodor Franzowitsch Benois, eines Experten für Unterwasserlöten, was immer das sein mag. Es beschreibt mit köstlicher Unbefangenheit das damalige Leben. Ich konnte nur den Anfang lesen, wo er von seiner Geburt berichtet, als sei er ein unbeteiligter Zuschauer gewesen.

Geburt von Julles (sic)

Am 20. Januar 1770, um neun Uhr morgens, unternahm meine gute Mutter, nachdem sie drei Tage lang außergewöhnliche, wenn auch unter diesen Bedingungen recht gewöhnliche Schmerzen gelitten hatte, eine große und mutige Anstrengung. Auf dem Rücken liegend, stützte sie die beiden Extremitäten ihres Körpers ab, womit ich Kopf und Füße meine, hob in die Höhe, was dazwischen lag, und bewirkte durch diese erfreuliche Initiative, daß ich durch das

Tor austrat, das meinen Eingang in die Welt darstellte.

Ein paar Seiten weiter beschreibt er, wie er mit viereinhalb Jahren von seinem Vater verdroschen wurde. Sie hatten Besuch bekommen, darunter eine überaus korpulente und aufgeblasene Tante, die freundlicherweise den Versuch unternahm, auf einem dreibeinigen Schemel Platz zu nehmen, da weit mehr Gäste als Stühle vorhanden waren. Ihr Unterfangen schlug fehl, und sie purzelte, mit den Beinen strampelnd, zu Boden. Jules César – oder Césard, wie er damals noch hieß – hatte noch nichts von dem diplomatischen Geschick erworben, das ihm später einmal so gute Dienste leisten sollte. Ihm fiel nichts Besseres ein, als in den überfüllten Raum zu rufen, er könne das Ding seiner Tante sehen (»je pouvais voir sa chose«). Eine gehörige Tracht Prügel war damals die einzig mögliche Strafe, auch für einen Vierjährigen. Ein wenig später in diesem seltsamen Büchlein, das stellenweise sogar einen Rétif de la Bretonne zum Erröten gebracht hätte, gesteht er, daß er bereut, einige Mädchen vergewaltigt zu haben. Zu seiner Ehrenrettung muß gesagt werden, daß Vergewaltigung damals wohl eher eine Art seelsorgerischer Akt gewesen sein muß, bei der man einem plötzlichen Impuls folgend, im hohen Gras herumtollte, wie man auch im Hintergrund vieler holländischer, flämischer und französischer Gemälde sieht, als die gemeine und geplante Handlung von heute. Zugegeben, das Ergebnis ist das gleiche, doch bei dem ländlichen Treiben gab es zweifellos ein gewisses Maß an Mittäterschaft, die bei der städtischen Variante in geparkten Autos und um einsame Bushaltestellen herum fehlt. Dennoch, ganz gleich, welche Motive er gehabt haben mag, seine Reue war echt genug, ihn in den Beichtstuhl zu treiben. Allerdings brach er seine Erzählung mittendrin ab, als ihm auffiel, daß das Interesse des Beichtvaters an gewissen Details seiner Schilderung übertrieben war, was sogar das Vorhandensein eines Sprechgitters nicht vertuschen konnte.

Bei dem Versuch, sein Gewissen ohne Hilfe der Kirche zu erleichtern, machte er seine erste Liebe ausfindig, weil er hoffte, die Uhr zurückdrehen und seiner moralischen Verwirrung ein Ende bereiten zu können. Die fragliche junge Dame war nach Paris gezogen und lud ihn ein, sie dort zu besuchen. Als er dies tat, fand er heraus, was sie ihm in ihrem Brief verschwiegen hatte, nämlich daß sie mittlerweile eine Prostituierte geworden war. Sie hatte kein Interesse mehr an ihm, von einer gewissen Zuneigung abgesehen, die sich darin äußerte, daß sie ihn einlud, ihre Aktivitäten mit Freiern durch ein Schlüsselloch zu beobachten. Er war, wie es scheint aus purer Höflichkeit, einverstanden und schaute sich sechs oder sieben derartige Vorstellungen an, ehe er es ablehnte fortzufahren, da er »fürchtete, es könne zur Gewohnheit werden«. Schließlich mußte er noch siebzehn Kinder zeugen und konnte sich vorzeitiges Altern einfach nicht leisten.

Darin liegt die Ironie des Lebens. Wenn (ein Mann) jung ist und noch nichts weiß, liebt er eine Frau, eine verspielte und grausame Frau. Wenn er alt ist und nicht mehr imstande, liebt er das ganze verfluchte Geschlecht.

Angeblich war (mein Vater) eifersüchtig, da sich meine Mutter zu sehr um mich kümmerte; sie selbst vertrat auch diese Theorie, die ich weder bestätigen noch dementieren kann, da ich für Eifersucht keinerlei Antenne habe. Was nicht heißen soll, daß ich nie eifersüchtig bin; das wäre zu schön, um wahr zu sein, aber ich fand dieses Laster schon immer primitiv und zutiefst dumm und würde lieber tot umfallen, als mich dazu zu bekennen. Der sein Taschentuch zerknautschende und mit den Augen rollende Othello machte auf mich von jeher einen ziemlich dämlichen Eindruck, und meine überheblich zur Schau getragene Unwissenheit in puncto Eifersucht legte ich erst ab, als ich Vater von mehr als einem Kind wurde und menschliche Beziehungen in ihrer unverfälschtesten Form kennenlernte, nämlich im Kinderzimmer.

Das Bedürfnis und das Unvermögen liegen irgendwo tief in der menschlichen Natur begründet. Unter der Ebene des Bewußtseins sind Strömungen wie Eifersucht, Ehrgeiz, Beschützerinstinkt oder Autorität am Werk, ganz gleich, wie gut sie durch Erziehung und Gewohnheit im Zaun gehalten werden.

Als junger Offizier im Garderegiment fiel (mein Großvater) eines Tages beim Manöver vom Pferd und verletzte sich am Rücken. Infolge dieses Unfalls mußte er gut ein Jahr lang das Bett hüten, was bewirkte, daß er viel las und noch mehr nachdachte. Am anderen Wolgaufer siedelten deutsche Protestanten, und es dauerte nicht lange, da machte mein Großvater die Bekanntschaft eines Pfarrers, der sich zu gern eine neue Bekehrung gutgeschrieben hätte. Es blieb nicht aus, daß er auch dessen hübsche Tochter kennenlernte. Wie so oft im Leben waren die Dinge des Herzens und die des Verstandes gar bald hoffnungslos miteinander verstrickt, und Großvater nahm sowohl den lutherischen Glauben als auch Fräulein Metzler an. (...)
Alles in allem muß er ein äußerst schwieriger Mensch gewesen sein, besonders für das hübsche Fräulein Metzler, das inzwischen seine Frau geworden war. Der Legende nach – oder vielleicht auch nach seinen eigenen Erzählungen, was noch schlimmer wäre – entdeckte er in der Hochzeitsnacht, daß sie keine Jungfrau mehr war, woraufhin er sich weigerte, jemals wieder etwas mit ihr zu tun zu haben.

Man kann sich nur schwer eine abscheulichere Ausrede für die Zurücknahme eines Eheversprechens vorstellen, doch schien es für den strengen konvertierten Protestanten im vorigen Jahrhundert Grund genug gewesen zu sein. Neben dieser unwiderruflichen Entscheidung seine Gattin betreffend, hatte er noch andere Eigenschaften: Geld war für ihn etwas beinahe unerträglich Vulgäres, eine Geißel, ein Krankheitsüberträger. Diese Abneigung hatte zur Folge, daß er nichts davon je auf eine Bank einzahlte, sondern sein Vermögen in Ranzen, Kisten und Koffern mit sich herumschleppte, Münzen in die Spüle kippte, um sie vor dem Einkaufen in Karbollösung zu waschen, und dies widerliche Zeug als zusätzliche Vorsichtsmaßnahme überhaupt nie ohne Handschuhe anfaßte. Wahrscheinlich lieferte die Vertreibung der Geldwechsler aus dem Tempel durch Jesus den geistigen Hintergrund für diese ungewöhnlich zutreffende Einschätzung des Geldes als Quell physischer und moralischer Verschmutzung, ohne daß er dessen unzweifelhaften Wert als Mittel des Überlebens in Betracht zog.

Welche Marotte er auch immer haben mochte, an ihnen lag es wohl kaum, daß seine Frau sich rasch anderen Tröstungen zuwandte, was er verständlicherweise zu ignorieren schien, da Scheidung für ihn noch undenkbarer gewesen wäre als Ehebruch. Seine Frau teilte seine Vorurteile nicht und brannte mit einem Kapitän durch, was so ziemlich die beste Lösung für alle Beteiligten war. Nach dem Zweiten Weltkrieg erhielt ich einen reizenden Brief eines australischen Fliegers, der sich als Enkel entpuppte und zum einen den Beweis lieferte, daß ihre Eskapade nicht bloß ein Täuschungsmanöver gewesen war, zum anderen aber recht deutlich die Richtung verriet, in die das Schiff damals gesegelt war. Vor diesem Happy-End hatte sie offenbar den Versuch unternommen, sich meines Großvaters mit Hilfe eines Gärtners zu entledigen, mit dem sie eine Liaison à la Lady Chatterley hatte. Die Verschwörer kannten meinen Großvater als jähzornigen Mann, daher füllten sie den Lauf seiner Pistole mit Blei und versuchten anschließend, ihn dahin zu bringen, die Waffe auf sie zu richten, mit dem Hintergedanken, daß er sich dabei selbst in die Luft jagen würde. Zu ihrem Pech war mein Großvater nicht nur jähzornig, sondern auch gründlich, und er bemerkte, daß jemand sich an seiner Waffe zu schaffen gemacht hatte. Ich denke, er hat den Gärtner entlassen. Die Scheidung bewirkte, daß Platon Grigorjewitsch sich mehr um innere Werte kümmerte, Italien schließlich in Richtung Heiliges Land verließ und in Jaffa ein großes Haus baute, das spätere Parkhotel, in dem, während ich dies schreibe, ein englischer Pfarrer mit seiner kleinen Familie wohnt. Hier wurden mein Vater, seine drei Brüder und seine Schwester geboren, jedoch von einer Mutter, deren Herkunft bis zum heutigen Tag hartnäckig im dunklen liegt.

* * *

Zu meiner Zeit gab es Dinge, die man tun konnte, und Dinge, die man nicht tun konnte. Außerdem gab es auch noch eine besondere Art, selbst das zu tun, was man nicht tun konnte.

* * *

Es gibt ein natürliches Komplizentum zwischen den ganz Alten und den ganz Jungen. Kinder lieben in der Regel das Zusammensein mit ihren Großeltern, was bei ihren Eltern oft zu kleinen Eifersüchteleien … führt, wenn sie sich beschweren, ihre Kinder würden verzogen. Aber gibt es dafür nicht eine eindeutige biologische Ursache? Die Alten erinnern sich oft mit außergewöhnlicher Klarheit an ihre Kindheit, als gäbe es irgendeine metaphysische Verbindung zwischen den Geheimnissen der Geburt und des Todes, während die im Zenit ihres Lebens stehenden Menschen von den beiden Grenzen, die wir alle überschreiten müssen, am weitesten entfernt sind. Sie sind auf dem Gipfel ihrer intellektuellen Fähigkeiten, sind am aktivsten, werden am wenigsten von ihren Instinkten regiert. Sie fegen das Reflexive, das Poetische, das Unklare als Verschwendung wertvoller Zeit vom Tisch. (…) Sie schnitzen das, was sie für ihre Zukunft halten, aus der so beständig scheinenden Gegenwart und überlassen die Albernheiten den sehr Alten und den sehr Jungen.

※ ※ ※

Aus irgendeinem Grund galt ich als anerkannter Automobilfachmann, da ich viele Fabrikate schon am Motorgeräusch erkennen konnte. Ja, in jüngeren Jahren war ich, zur Bestürzung meiner Eltern, selbst ein Auto. Damals steckte die Psychiatrie noch in den Kinderschuhen und war sowohl teuer als auch auf Wien beschränkt, und niemand war qualifiziert, einen Verbrennungsmotor aus einem kleinen Jungen auszutreiben. Heute noch weiß ich ganz genau, was für ein Wagen ich war: ein Amilcar. Warum ich mich ausgerechnet für dieses zierliche Autochen entschied, weiß ich nicht, nehme aber an, daß es sich um den Wunschtraum eines pummeligen Kerlchens handelte, das ständig wegen seiner zunehmenden Korpulenz aufgezogen wurde und sich in einen schlanken, federleichten Boliden verwandeln wollte.

Es gab eine Phase, da stellte ich morgens den Motor an und hörte erst auf, ein Auto zu sein, wenn ich abends im Rückwärtsgang ins Bett fuhr und den Zündschlüssel herumdrehte. Es war eine vortreffliche Flucht. Ich fuhr sämtlichen Fragen aus dem Weg und jedem anderen Kontakt ebenfalls, ob vernünftig oder unvernünftig. Es war ein Luxus, den ich mir in einer sicheren und fest verankerten Welt leisten konnte. Nur in den Ferien setzten die Spannungen wieder ein, wenn sich ein anderer, unglücklicher Teil meiner Existenz bemerkbar machte. (...) Als ich sieben war, fuhren meine Mutter und ich in den großen Ferien nach Estland. (...) Wir besuchten dieses nette kleine Land, weil der Vater meiner Mutter, Professor Louis Benois, Rektor der Leningrader Kunstakademie, aufgrund seines vorgerückten Alters und seines Beitrages zur sowjetischen Kunst von der Sowjetregierung die Genehmigung erhalten hatte, das Territorium der UdSSR einen Monat lang zu verlassen und nach Estland zu reisen. Wir bewohnten eine mitten im Wald gelegene Datscha und lebten eine Zeitlang so, wie man wohl vor der Revolution in Rußland gelebt hatte. Die erhöhte Holzveranda mit ihrer abblätternden Farbe und den splitternden Stufen, die bei jedem Schritt knarrten und quietschten, schien direkt aus dem Bühnenbild eines Stückes von Tschechow zu stammen. Der Wald raunte, seufzte, und manchmal tobte er. In ihm wimmelte es von Nattern und Pilzen, giftigen wie eßbaren. Sich in ihm zu verlaufen hieß, sich in einem Märchen zu verlaufen, in einem undurchdringlichen Kontinent unerklärlicher Geräusche und lauernder Gefahren, in einen spöttischen, plappernden, lokkenden Gefängnis, das sich mit einem zu bewegen und jeden Orientierungssinn zu foppen schien. Hatte man Glück, stieß man dahinter auf das Meer, einen grauen urzeitlichen Strand, lehmig, steinig und von Wellen umspült. Mit dem Lehm am Strand konnte man modellieren. Die meisten Leute badeten und modellierten nackt und zogen sich nur an, um für die Gefahren des Waldes und Heimweges gerüstet zu sein. (...)

Mein Großvater machte großen Eindruck auf mich, da er trotz seines Alters und seines schlechten Gesundheitszustandes Strenge und Ausgeglichenheit ausstrahlte. Ich sah ihn mit der Klatsche nach Fliegen schlagen, die in Mengen unsere Milchschälchen umkreisten, von denen einige der Joghurtbereitung dienten. Er erklärte mir, Fliegen seien Überbringer von Krankheiten, und es sei die Pflicht des Menschen, sich gegen diese harmlos aussehenden Plagegeister zu verteidigen. Ich nahm ihm die Fliegenklatsche aus der Hand und schlug mit der geballten Energie meiner jungen Jahre um mich. Nicht lange und er bedeutete mir, ich solle die Jagd beenden. Enttäuscht fragte ich nach dem Grund.

»Weil dir das, was du tust, immer mehr Vergnügen bereitet, und Töten darf niemals zum Vergnügen werden.«

»Und was ist mit den Krankheiten?« fragte ich erwartungsvoll.

»Es ist besser, krank zu werden, als am Töten von Lebewesen Vergnügen zu finden«, antwortete er ruhig, und damit hatte es sich.

Eines Tages hatte meine Mutter Zahnweh – soviel ich weiß, ein Abszeß –, als der Motor meines Amilcar gerade ausgesprochen gut lief. Bei jeder denkbaren Gelegenheit schaltete ich, ließ an jeder Straßenecke den Motor aufheulen und trötete mit meiner imaginären Hupe, um den Gegenverkehr auf mein Kommen aufmerksam zu machen.

Plötzlich wurde es meiner Mutter zuviel.

»Sei um Gottes willen einen Moment still!« schrie sie unter ihrem gelben Topfhut hervor.

Ihr Vater, der langsam neben uns herging, hob mahnend die Hand.

»Du darfst ihn nie anschreien!« belehrte er seine Tochter ruhig. »Ich weiß, daß einem so etwas auf die Nerven geht, liebes Kind, auch ohne Zahnschmerzen. Stell dir einfach vor, es wäre nicht das Geräusch eines Automobils, sondern das Geräusch der sich entwickelnden Phantasie, dann ist es nur noch halb so schlimm, du wirst schon sehen.«

Heute verstehe ich, weshalb man ihn als großen Lehrer schätzte, doch schon damals bewunderte ich ihn und seine zurückhaltende Klugheit sehr. (...)

Nach dem Tod meines Großvaters gestattete die sowjetische Regierung seiner Witwe, nach Berlin auszuwandern, wo ihre Tochter, meine Tante Olga, arbeitete. Meine Mutter und ich besuchten die beiden 1933, als ich zwölf Jahre alt war. Deutschland befand sich schon in Aufruhr. Ganze Wagenladungen scheußlich aussehender Männer, wie Ölsardinen in einer irgendwie obszönen Komplizenschaft zusammengepackt, fuhren durch die Straßen, und die Männer schrien: »Deutschland erwache!« Wenn ganze Gruppen erwachsener Männer keinen besseren Zeitvertreib fanden als diesen, ließ das für uns andere nichts Gutes erwarten. Die hitzigsten dieser Idioten hatten schon die Fenster jüdischer Geschäfte eingeschlagen, und die Öffentlichkeit war der Komplikationen einer immer machtloseren Demokratie überdrüssig. Alles war widerwärtig und unfreundlich.

Natürlich gab sich meine Tante alle erdenkliche Mühe, gleichaltrige Spielkameraden für mich zu finden, doch leider ist es keineswegs einfacher, Kindern Freunde aufzudrängen als Erwachsenen. Sie machte für mich den Sohn eines Nachbarn ausfindig, einen muskulösen kleinen Kerl, der die Haare

im »Berliner Schnitt« trug, oben ziemlich lang und bis über die Ohren ausrasiert, die denkbar unästhetischste aller Frisuren. Er stellte mich seinem besten Freund vor, einem jungen Juden. Es war ein paar Tage vor dem Reichstagsbrand.
Wir gingen in den Grunewald zum Spielen, was genau, wußte ich nicht. Während wir durch den Wald schlenderten, redeten wir über Politik. Der Nachbarsjunge war überzeugter Nazi und schwärmte in höchsten Tönen vom neuen Deutschland, das sich aus der schändlichen Glutasche von Versailles erheben werde. Außerdem gab er ein paar langatmige Erklärungen über die Reinheit der Rasse zum besten und erläuterte, wie die Juden schon vor Urzeiten einer Amöbe gleich in das Lebensblut des deutschen Volkes eingedrungen seien und daß die Zeit gekommen sei, diese Schmarotzer zu entfernen.
Erstaunlicherweise stimmte ihm der jüdische Junge zu, nickte eifrig mit dem Kopf und versicherte mir, das alles sei wahr. (...)
Die beiden aufgezwungenen Freunde zündeten von ihren Eltern gestohlene Zigaretten an und behaupteten, dies täten sie absichtlich, um die Aufmerksamkeit des Försters zu erregen, eines perversen Menschen, dem jeder Vorwand recht sei, um in seinem Försterhäuschen kleine Jungen auf ein Bügelbrett zu

schnallen und ihre Hinterteile mit einem Rohrstock zu bearbeiten. Während er sie verprügelte, halte er ihnen Vorträge über die Schädlichkeit des Rauchens oder der Masturbation oder wobei er sie gerade erwischt habe. Nach dieser Erklärung boten die beiden mir eine Zigarette an, die sie freundlicherweise für mich gestohlen hatten, ein Angebot, das ich dankend ablehnte. Allerdings hielt ich nach dem Förster Ausschau, da ich mich für seine Hobbys weit weniger begeistern konnte als die beiden Jungen, die die Freuden des Ausgepeitschtwerdens in allen grausigen Einzelheiten ausmalten. Sie mußten allerdings zugeben, daß sie weder jemals erwischt worden waren noch auch nur wußten, wie der finstere Förster aussah.

Doch von dem, was nun geschah, wurde mir endgültig schlecht. Nach diversen Prahlereien und erotischen Histörchen vollzogen die beiden den Schritt von der Theorie zur Praxis. Ihnen war klar, daß sie sich trennen mußten, wie Liebende, deren Liebe unter einem Unstern stand, da Rasse und Geopolitik die Waagschale zu sehr belasteten; reine private Zuneigung mußte den großen historischen Realitäten weichen. Sie hatten eine einsame Stelle ausgesucht, um ihre eigene blasse Variante des Liebestodes aufzuführen, wozu sie sich eines seiner Intention nach ebenso abstoßenden wie durch seine Unzulänglichkeit lächerlichen Rituals bedienten. Nachdem sie sich ewige Brüderlichkeit geschworen hatten, was auch immer das Schicksal ihnen bescheren werde, machten sie sich daran, ihre Pulsadern mit einem rostigen Küchenmesser aufzuschneiden, damit sich ihr Blut in einer deutlichen Geste der Einigkeit vermengte. Da ich nicht wußte, ob sie den Unterschied zwischen Venen und Arterien kannten, und – noch vordringlicher – das Gefühl hatte, mich übergeben zu müssen, rannte ich den ganzen Weg nach Hause (zurück).

Für das erotische Frühlingserwachen blieb (den Deutschen im Nazideutschland) nicht viel Zeit übrig, da das Liebeswerben notgedrungen etwas steife Formen annehmen muß, wenn man sich mehr für die Abstammung des jungen Mädchens interessiert als für ihre Person.

Ich glaube, Fragen sind wichtiger als Antworten. Die Menschen sind vereinigt durch ihre Zweifel und getrennt durch ihre Überzeugungen. Der Zweifel ist eine sehr wichtige Sache. Der Weg ist nie einfach zu finden.

Genauso wie die Liebe bedarf auch die Vernichtung sorgfältiger psychischer Vorbereitungen. Ein paar Gläschen unter vier Augen. Dann ein Klaps, ein Kitzeln, ein Tätscheln der Sinne. Dann der sich steigernde Rhythmus des Aktes selbst.

Nach einer kurzen Stille, so feierlich wie die Stille nach dem ersten, endlosen, forschenden Kuß, eine Stille, in der sich nur die Augen bewegen (der Befehl): »Parademarsch, vorwärts!«

Schritt halten, der Akt hatte seinen eigenen Puls erhalten, jeder war sich selber, seinem eigenen Delirium überlassen, mit den anderen nur durch das Gefühl seiner Beteiligung an dem orgiastischen Ritus verknüpft.

Schneller, immer schneller spritzten verschwenderisch die Geschosse aus dem brennend heißen Lauf jedes einzelnen Stahlphallus.

Es ist (dem Menschen) sogar gelungen, gewisse Dinge zu erfinden ..., die zu der Sorte Bösem gehören, die einem keinerlei Befriedigung verschafft. Die Atomwaffe, so ziemlich das Böseste, das man sich vorstellen kann, ist alles andere als erotisch, und wenn dem Bösen der unerläßliche Kitzel fehlt, ist es ganz einfach unzulässig. Es gibt jene Personen minderer Intelligenz, wie Premierminister und dergleichen, die von nuklearer Abschreckung sprechen, was ebenso scharfsinnig ist, wie Lärm Schlafabschreckung oder öffentliche Hinrichtungen Verbrechensabschreckung zu nennen. Erstens gibt es Leute, die sich von der Vorstellung eines auf ihre Köpfe gerichteten Abschreckungsmittels höchstens anregen lassen, und zweitens gibt es keine Abschreckung für den Wahnsinn, und wenn es eine gäbe, wäre es ganz gewiß nicht gesunder Menschenverstand.

*   *   *

(Aus meiner Militärzeit erinnere ich mich einiger wertvoller Erkenntnisse, die man mir vermittelt hatte.) Dazu gehörte, wie gefährlich es sei, wenn man auf den Fronteinsatz wartenden Soldaten Filme über die Hochseeflotte zeigte, in denen sich schwere Geschütze in Richtung Kamera schwenkten. Man habe erlebt, daß Männer, die solchen Wochenschauen ausgesetzt waren, nachts unweigerlich mit über ihre Genitalien gestülpten Stahlhelmen schliefen, was vermuten lasse, daß sie mit Kastrationsangst reagierten, wenn man eine 15-Zoll-Haubitze auf sie richtete. Ich konnte zwar nicht beurteilen, ob dieses Phänomen zutraf oder nicht, es kam mir aber sehr unwahrscheinlich vor, wie viele andere Deutungen alltäglicher Ereignisse durch die Freudsche Psychologie auch. Jedenfalls dürfte sich nur ein Mann mit enormer Potenz von einem Schlachtschiff in seiner Männlichkeit bedroht fühlen. Selbst auf die Gefahr hin, daß man mich für einen Schlappschwanz hält, möchte ich bekennen, daß ich mich durch ein Schlachtschiff eher an Leib und Leben als in meiner Potenz bedroht fühle und daß es, falls ich mich durch

Wochenschauen bedroht fühle, sämtlichen Stahlhelmen der Welt nicht gelingen würde, mir eine ruhige Nacht zu verschaffen.

* * *

(Es gibt Männer, für die ist) das Leben ein Dossier, die Erinnerung ist eine Polizeiakte, der Ehrgeiz ist eine Dienstmarke, die Liebe eine Vorschrift. Sie brauchen die Frauen mehr, als daß sie sie lieben, und sie lieben sie mehr, als daß sie eine von ihnen lieben könnten. Niemals gehen sie ein geistiges Risiko ein. Sie sind tot. Sie sehen das, was sie sehen wollen, fühlen das, was sie fühlen wollen, und ihr Charme reicht so tief wie ihr Eau de Cologne.

Kinder vergessen, daß sie zwar keinerlei Erfahrung mit ihrem Kindsein haben, ihre Väter aber auch keinerlei Erfahrung mit ihrem Vatersein.

(Mein Vater) hatte große, ausdrucksvolle Augen, genau die Farbe von Weißweintrauben, die sich oft an vorübergehende Frauengestalten hefteten, als schätze er sie mit der schamlosen Distanz eines Trainers ab, der Rennpferde auf ihre Qualitäten hin beobachtet. Bei den seltenen Gelegenheiten, wenn ich als Kind mit ihm allein war, spendierte er mir in einem Café Eis oder Limonade, als praktische Übung in Öffentlichkeitsarbeit oder Kinderpsychologie. Vor diesen Augenblicken fürchtete ich mich sogar noch mehr als vor seinem Jähzorn, da er sie nutzte, um die Passanten prüfend zu mustern und mich wie einen erwachsenen Komplizen über die körperlichen Vorzüge und Mängel der Passantinnen zu befragen. Häufig blieb sein Blick an einem potentiellen Opfer hängen, und er gab sich jener eindeutigen Blickvariante hin, die man »jemandem schöne Augen machen« nannte. Dann errötete das Opfer entweder und wirkte schockiert, oder es wartete mit unterdrückter Verwirrung auf den nächsten Schritt, als habe Klops strahlender Blick es aufgespießt. Kein Wunder, daß ich zu einer Art Westentaschenpuritaner wurde, meiner Eiskrem die gleiche intensive Aufmerksamkeit schenkend, mit der Klop sich seinen mesmeritischen Übungen widmete, und mich weigerte zu antworten, vor Empörung beinahe platzend. Zu Hause und vor Gästen war er (mein Vater) ein Meister des Anzüglichen, der Zweideutigkeit, der wie ein waghalsiger Scout ständig durch das Niemandsland zwischen Witz und Geschmacklosigkeit galoppierte. Tja, heute würden seine Geschichten aus Tausendundeiner Nacht durchaus harmlos klingen, und wie jeden Schwerenöter, der etwas auf sich hält, hätte ihn die heutige schrankenlose Zurschaustellung von Pornographie bestimmt bedrückt, doch in der damaligen Zeit der Nuancen und Zwischentöne war es für mich unendlich viel bedrückender mitzuerleben, wie meine Mutter in das brüllende Gelächter einstimmte, das eine von seinen Gästen dankbar als unanständig eingestufte Bemerkung hervorrief, um nicht die Spielverderberin abzugeben.

Dabei war sie keineswegs engstirnig. Im Gegenteil, sie war bei weitem nicht so leicht zu schockieren wie er, aber ihre Manieren waren stets untadelig, während er, selbst auf mich als Kind, kindisch wirkte. Ich konnte nie so recht glauben, daß er wirklich der Frauenheld war, der er so gern gewesen wäre. Zunächst einmal fehlte ihm die zum Führen eines Doppellebens nötige Diskretion. Er war ein durch und durch öffentlicher Mensch, der seine Vorlieben und Verlockungen mit meiner Mutter oder – gelegentlich bei einem Eis – mit mir besprach. Er brauchte einen Zuhörer, mochte der ihm freundlich gesinnt oder noch ein Kind sein. Wie Casanova schwirrte er von Blume zu Blume, streichelte lieber über einen Po, als hineinzukneifen, war eher auf Blickkontakt aus als auf geduldigen Voyeurismus; er hatte es eilig, ihm stand der Sinn nach dem Unberechenbaren, dem Plötzlichen. Dabei wurde er keinem je gefährlich. Er hatte eine tiefe Abneigung vor Brutalitäten und Grausamkeiten und so feste moralische Grundsätze, wie man sie bei einem derart dem guten Leben zugeneigten Menschen nicht erwartet hätte. Gegen Ende seines Lebens umgaben ihn junge Mädchen wie einen Guru, war er immer noch ständig amüsant, geistig wendig und von, gelinde gesagt, vergnügter Verantwortungslosigkeit.

* * *

Es gibt keine alten Männer mehr. PLAYBOY und PENTHOUSE haben gemeinsam das Idealbild ewiger Jugend entworfen, sonnengebräunt und saunagestählt und – nach Dorian-Gray-Methode – ohne graue Strähnen.

Es gibt ein Foto von mir, auf dem ich im Alter von zwei Jahren eine russische Holzpuppe in der Hand halte, die neun andere Holzpuppen in sich birgt, eine in der anderen, angefangen bei der großen unförmigen Erdmutter bis zu einem erbsengroßen Frauchen. Mit augenscheinlichem Vergnügen schwinge ich auf dem Bild zwei Hälften des pädagogisch wertvollen Spielzeugs. Offenbar war mir schon in diesem zarten Alter klar, daß eine schwangere Frau eine andere schwangere Frau enthielt, und dann immer noch eine, bis zur kleinsten. Ich kam wohl nie auf den Gedanken, daß diese kleinste ein Baby sein könnte. Ich würde gern glauben, daß ich doch darauf kam, einfach weil ich gern glauben würde, daß ich das war, was man gemeinhin »helle« nennt, doch im tiefsten Inneren halte ich es für wahrscheinlicher, daß ich den Embryo tatsächlich für eine ganz kleine, natürlich in Bauerntracht gekleidete Frau hielt. Diese Version ist auch wahrscheinlicher, wenn man weiß, daß meine Mutter auf völligen Unglauben stieß, als sie mich peinlich spät aufklärte, da mein Vater zu schüchtern war, über Männer zu reden, auch wenn er gern über Frauen scherzte. Als erstes reagierte ich mit entsetzter Klaustrophobie. Ich begriff nicht, wie ich es ertragen hatte, neun Monate lang in einem Bauch eingesperrt zu sein, ohne nur einmal frische Luft zu atmen. Dann gewöhnte ich mich rasch an die Vorstellung und fand ein solches Verfahren zwar merkwürdig, aber keineswegs merkwürdiger als einige andere Phänomene, von denen ich erfahren hatte.

(Meine Mutter war) eine bemerkenswerte Frau, eine Schwester, Tante, manchmal Tochter, immer eine Mutter, jedoch stets ohne dieses klebrige Besitzergreifende, das traditionell einen gewissen Aspekt des Mutterseins ausmacht. Nie hat sie mich spüren lassen, daß der meine Geburt begleitende Schmerz ein moralisches Schuldenkonto wäre, das nie gänzlich beglichen werden könnte. Sie lehrte mich, daß Unabhängigkeit eines der kostbarsten der raren Güter des Lebens ist, indem sie die ihr zugeteilte Ration voll und ganz ausschöpfte. (…) Auch war sie vollkommen treu, einfach weil sie sich etwas anderes gar nicht vorstellen konnte. Mein Vater war der einzige Mann in ihrem Leben. Sie hatte ihr Wort gegeben, daß dies so sein würde, und trotz übelster Provokationen kam ihr nie der Gedanke, ihr Wort zu brechen.

(Mein Kindermädchen hatte die) Angewohnheit, mich im Kinderwagen in den Park auszufahren, wozu meine Mutter sie ausdrücklich ermunterte, damit ich ein wenig an die frische Luft käme. Wir fuhren jedoch nie weit, obwohl wir lange Zeit fortblieben. Meine tägliche Ausfahrt brachte mich zwei Straßen weiter in eine relativ heruntergekommene Gegend. Hier wurde ich neben einem Geländer abgestellt und mir selbst überlassen, während Miss O'R. ein paar Stufen hinab in eine Kellerwohnung eilte, wo sich geheimnisvollerweise eine Tür öffnete, um sie einzulassen.

Vermutlich um mich ruhigzustellen, tauchte ein Mann in Hemdsärmeln auf, der einen Vogelkäfig neben mich auf die Treppe stellte und den großen grünen Papagei im Käfiginneren aufforderte, mit mir zu reden.

Selbstverständlich sind der Unterhaltung mit einem Papagei Grenzen gesetzt, vor allem, wenn der eigene Wortschatz nicht viel größer ist als der des Papageis. Er äffte mich nach und ich äffte ihn nach, aber da sich unsere Beziehung ohne eine etwas größere Lebenserfahrung kaum weiterentwickeln konnte und da mir sein starrer und erstaunter Blick keine große intellektuelle Befriedigung verschaffte, hatte ich sein Eindringen in meine Privatsphäre bald satt und ignorierte ihn einfach.

Dieses Ritual wiederholte sich täglich, bis mir der Anblick des Vogels zuwider war, und auch der Vogel schien meinen regelmäßigen Besuchen wenig abzugewinnen und blieb stumm wie ein Trappistenmönch.

Irgendwann tauchte dann Miss O'R. wieder auf, mit rosigen Wangen – sie bekam bei unseren Ausflügen weit mehr Farbe als ich – und Augen, die hinter ihrem Kneifer jünger wirkten und leuchteten. Sie flüsterte mir ihre üblichen Drohungen über all die schrecklichen Dinge zu, die mich erwarteten, wenn ich meinen Eltern auch nur ein Wort ins Ohr hauchte, und schob mich heimwärts.

Eine Zeitlang ging das – für sie – gut, bis ich anfing, zu Hause den Papagei nachzumachen. Zuerst waren die Eltern von meinem Auftritt begeistert, bis ihnen aufging, daß ich im Green Park wohl kaum einem Papagei begegnet sein konnte.

»Wo«, fragten sie mich, »hast du einen Papagei gesehen?« Ich wurde rot vor Verlegenheit und antwortete, ich hätte geschworen, es nicht zu verraten. Auf diese Weise werden Kinder auf die Erwachsenen-

moral vorbereitet, auf Watergate und dergleichen. Meine Mutter erwähnte die Angelegenheit zwar nicht mehr, sagte aber zu meinem Vater, ihr sei aufgefallen, daß meine Kleidung jedesmal mit Rußpartikeln bedeckt sei, wenn ich aus dem Park komme. Die Fangarme der Gerechtigkeit schlossen sich zusehends um die arme errötende Miss O'R.
Am nächsten Tag bogen wir wie gewöhnlich um die Ecke. Miss O'R. trippelte das Treppchen hinunter, und der Hemdsärmelige hatte seinen kurzen Auftritt, als er den Vogel in Positur brachte, als handele es sich um die morgendliche Tasse Tee in einer Pension. Was so aufregend wie eine Verschwörung begonnen hatte, war mittlerweile zu einer Routineangelegenheit geworden. (...) Die Anwesenheit eines anderen unterbrach uns. Es war meine Mutter, die dem Kinderwagen wie ein Detektiv gefolgt war. Damit hatte Miss O'R. ausgespielt, deren aus niedergeschlagenen Augen quellende Tränen sie endlich einmal jünger aussehen ließen, als sie war. Sie packte ihre Siebensachen und ging. (...) Zweifellos ließ sie in mir die Überzeugung reifen, daß es auf dieser Welt nichts Langweiligeres gibt als die Liebesgeschichte eines anderen, besonders, wenn man sie von einem Papagei erzählt bekommt.

* * *

In der Mühelosigkeit liegt keine Tugend. Drohendes Versagen ist die Würze, die die Früchte des Sieges begehrenswert machen.

* * *

Wenn ich an Bällen teilgenommen hatte, dann als aktives und resolutes Mauerblümchen. (...) Mit anderen Worten, ich war weder der Figur nach noch meiner Neigung nach ein geborener Tänzer. Für mich hatte Tanzen mehr mit Mathematik als mit Choreographie zu tun, und ein Fehler wurde deutlicher und beredter bestraft als in der Schule, nämlich mit dem Zerreißen von zartem Stoff oder einem Schmerzensschrei. Später brachte ich sogar den Mut auf, die reizende Einladung (oder war es ein Befehl?) zu einem Tanz mit der Königin abzuschlagen, der ich warnend die mit einem solchen Vorgang verbundenen physischen Gefahren vor Augen hielt. Da die britische Demokratie im Laufe der Jahrhunderte gereift war, reagierte Elisabeth II. mit einem huldvollen Lächeln auf meine Verlegenheit, die mich unter Elisabeth I. mit Sicherheit den Kopf gekostet hätte; allerdings sollte ich der Fairneß halber erwähnen, daß ich weniger Skrupel gehabt hätte, mit Elisabeth I. eine kesse Sohle aufs Parkett zu legen. Schon aufgrund der Masse ihrer Röcke wäre reine Böswilligkeit statt bloßes Unvermögen erforderlich gewesen, ihr auf die königlichen Zehen zu treten.

In den Ferien hatte ich sogar mit Mädchen und Frauen nackt in Bergseen gebadet, und zwar unter der Aufsicht einer naturliebenden Patin, deren Wanderungen als Akt der Verbundenheit mit Mutter Natur unweigerlich in irgendeinem eisigen Gebirgsbach endeten. Doch hier hatte die Wassertemperatur die gleichen Auswirkungen wie der Rhythmus beim Tanz und ließ alle anderen Gefühlsregungen ersterben. Auf der Schauspielschule aber sah ich mich zum erstenmal der ständigen Anwesenheit eines veritablen Bataillons von Mädchen ausgesetzt, die am ersten Schultag alle in schwarzen Badeanzügen erschienen – mit Ausnahme von Betty aus Kanada, ihren Nachnamen möchte ich verschweigen –, deren Kostüm noch nicht eingetroffen war und die in lachsrosa Pumphose und einem BH unter uns hockte und aussah wie eine Rubenssche Nymphe. (…) Das wahre Leben hatte begonnen, wenn auch etwas spät im Leben, und da mein Vater glücklicherweise nicht anwesend war, konnte ich meine Blicke unbewacht und ohne fremde Kommentare über die entzückenden Formen schweifen lassen.

* * *

Mein Lebensziel war, unbedingt mein Elternhaus zu verlassen. Ich wollte keineswegs ausreißen, das liegt mir nicht, und für irgendwelche großen Gesten war es ohnehin zu spät. Aus einer Position der Würde und Unabhängigkeit wollte ich den Kontakt zu meinen Eltern aufrechterhalten. Außerdem hatte ich – zu Recht oder zu Unrecht – das Gefühl, meine Abwesenheit würde es meinen Eltern ermöglichen, das wiederzuentdecken, was sie in den kurzen neun Monaten füreinander empfunden hatten, bevor ich auftauchte, um die Lage zu komplizieren.

Besser eine Generation, die mit ihrer Körperlichkeit zurechtkommt, als eine, die fehlendes Wissen durch korrekte Umgangsformen und das heuchlerische Vorspiegeln von Frömmigkeit und guter Kinderstube kaschiert. Sogar Pornographie, die das Gegenteil von Erotik ist und uns als grelles Konsumprodukt präsentiert wird, wirkt in ihren frühen Stadien als Befreiung von dem größeren Übel gesellschaftlicher Zensur. Es mag eigenartig erscheinen, daß ich so engagiert über eine längst gewonnene Schlacht berichte. Dies geschieht nur, um den Ungläubigen in Erinnerung zu rufen, daß es nicht immer so war wie heute; zwar haben Männer und Frauen noch immer einen Weg gefunden, aber bis vor relativ kurzer Zeit gab es sowohl elterliche als auch institutionelle Vorurteile, die das für das menschliche Glück so lebenswichtige Thema tabuisierten.

Bei meiner Selbstfindung half mir, daß ich mich zum erstenmal zu einem Mädchen hingezogen fühlte. Endlich und furchtbar spät sah ich mich nicht genötigt, meines Vaters Eindrücke über eine Passantin zu bestätigen oder zu dementieren, sondern schaute und urteilte selbst, wobei ich instinktiv vorging und offenbar gar nicht falsch lag. Sie fiel mir am allerersten Tag auf. Nicht daß sie besonders hübsch war oder irgendeinen bestimmten Typ verkörperte; in meinen Augen hatte sie etwas Geheimnisvolles, was genügte, um ein unbeschreibliches Chaos in meinen Gedanken und Gefühlen anzurichten. Ich ertappte mich bei dem Versuch, in ihrer Nähe zu sitzen, in ihrem Sichtfeld oder hinter ihr. Schließlich wurden wir einfach Freunde.

Sie hieß Isolde und war die Tochter des Dramatikers Reginald Deham, eines amüsanten und ewig jugendlich wirkenden Mannes. Er war nicht mehr mit Isoldes Mutter verheiratet, einer köstlich zerstreuten und attraktiven Dame, die eine Verbindung mit einem schottischen Militär eingegangen war und bei ihm in seinem Haus in Highgate wohnte. Dort herrschte eine leicht gespannte Atmosphäre, da der

Offizier sowohl seinen Helm aus dem Ersten Weltkrieg als auch einen geladenen Revolver an einem Haken der Schlafzimmertür aufbewahrte und damit drohte, die Schußwaffe gegen sich zu richten, sollte seine Geliebte ihn je verlassen. Wenn er erregt war, schien der Ausdruck seiner blutunterlaufenen Augen seine Ernsthaftigkeit zu unterstreichen.

Die Brisanz dieser Mischung wurde noch durch die Anwesenheit zweier halbwüchsiger Söhne aus seiner früheren Ehe verstärkt, von denen einer eine krankhafte Leidenschaft für Elektrogitarren entwickelt hatte, so daß einem die schmelzende Musik Hawaiis das Ohr umschmeichelte, gemischt mit jaulenden Störgeräuschen. Neben Isolde gab es noch ein jüngeres Mädchen, das Resultat einer anderen Ehe von Isoldes Mutter, ein linkisches und sehr ulkiges Kind von zwölf oder dreizehn Jahren namens Angela Lansbury, sowie Zwillingsbrüder, die heute gefeierte Produzenten in Amerika sind.

Falls dieser disparate, chaotische Haushalt eines Symbols seiner Disharmonie bedurfte, fand er es in Gestalt eines jungen Bluthundes, der sich angewöhnt hatte, einem die Pfoten auf die Schultern zu legen, während er einem ans Bein pinkelte. »Er ist noch nicht ausgewachsen«, blaffte der augenscheinlich zufriedene schottische Offizier.

Es war klar, daß die arme Isolde noch mehr Grund hatte als ich, von zu Hause zu verschwinden, und als wir unsere gemeinsamen Geheimnisse und Nöte entdeckten, entstand eine feste und tröstliche Bindung zwischen uns. (…)
Unsere Beziehung hatte Höhen und Tiefen, aber trotz aller Schwierigkeiten hielt ich daran fest, als hinge mein Leben davon ab. Wir wohnten beide noch zu Hause und waren keusch wie die Puritaner.

* * *

Ich lernte, daß offenbar alle Frauen gleich waren, wenn etwas schieflief, aber alle anders, wenn alles gutging. (…) (Heute glaube ich das nicht mehr), weil ich es nicht mehr brauche. Die Beziehungen zwischen den Geschlechtern sind durch Witzbolde, Zyniker, Besserwisser, Philosophen, Psychologen, Psychiater und schließlich die Frauenbewegung so unentwirrbar verkorkst worden, daß man den größten Teil seines Lebens damit zubringt herauszufinden, daß das Allgemeine keinerlei Auswirkungen auf das Spezielle hat.

Isolde wußte ein wenig über die Realitäten des Erwachsenenlebens Bescheid, ich dagegen rein gar nichts. Wäre ich mir auch nur einen Augenblick lang über meine Unwissenheit im klaren gewesen, hätte ich mich bestimmt weniger unvorsichtig in die Ehe gestürzt. Ich habe keineswegs die Absicht, zu diesem späten Zeitpunkt irgendwelche Anklagen oder Schuldzuweisungen für diese merkwürdige Situation loszuwerden, die meine Mutter viele Jahre später in Erstaunen versetzte, als ich eine Andeutung darüber machte. Seit meiner frühreifen Bekanntschaft mit dem Ringelreihen der erwachsenen Verführungsspiele fehlte mir einfach eine ganze Dimension meines Lebens. Das Gehabe der Männer beim Taxieren von Frauen fand ich ärgerlich, während die Reaktion der Frauen bei mir sogar Übelkeit hervorrief. Selbst heute, zwei Ehen und vier Kinder später, fällt es mir schwer, darüber zu schreiben, weil große Ehrlichkeit und intensives Nachdenken erforderlich sind, mich noch einmal in dieses sterile Gefängnis zu versetzen, dem ich vor so langer Zeit entfloh. Ich entwickelte ein dermaßen puritanisch kaltes Gefühlsleben, daß ich zwar Liebe und Zunei-

gung jederzeit zuließ, jedoch nie auf die Idee kam, sie auch körperlich auszuleben; oder vielleicht stellte ich mir auch nur vor, daß zu gegebener Zeit ein schlummernder Instinkt, der sich bisher kaum oder nur verwirrend bemerkbar gemacht hatte, alles übernehmen würde – Initiative, Aggression und das erforderliche Know-how. Wie so viele andere konnte ich zotige Witze reißen, ohne mehr zu wissen als das, was mir andere mit der gleichen legeren Sicherheit erzählt hatten. (...)
Anscheinend hinkte ich immer einen halben Schritt hinter den anderen her, da ich ohne Geschwister in einer höchst kultivierten Atmosphäre aufgewachsen war, wo mir die grundlegenden Hürden fehlten, die für das geistige und körperliche Gleichgewicht von solcher Bedeutung sind. Man könnte sagen, meine geistige Nahrung bestand ausschließlich aus Delikatessen und erlesenen Weinen.
Wenn überhaupt, war ich auf ein Leben irrelevanter Verfeinerung bei extrem beengtem Horizont vorbereitet, für rauhere See und heftigere Winde jedoch völlig ungeeignet. Übrigens erkannte ich schon sehr früh meine Fehler, doch erst als ich selbst Kinder hatte, an denen ich mich freuen konnte, wurde mir klar, welche Strecke ich zurückgelegt hatte. (...)
Sparsamkeit mußte ich als erstes lernen, und so

zogen Isolde und ich ... in eine Kellerwohnung in der Redcliffe Road, ein Abstieg ... in die trübe Realität der Arbeitswelt, dessen Symbolgehalt einer mittelalterlichen Moralität alle Ehre gemacht hätte. Praktisch besaßen wir nichts, außer einem kleinen Spaniel, den wir gekauft hatten und der bald in der finsteren Gruft unserer neuen Unterkunft epileptische Anfälle bekam. Das Gas für die Heizung bekamen wir über einen Zähler, in den man Shillings oder, im Falle schwerer Armut, Pennys werfen mußte. Es roch permanent nach Moder und Katzen. Der einzige Vorzug dieser tristen Behausung war ein Garten, ein düster-viktorianisch aussehender schütterer Rasenfleck, auf dem alles Grün um einiges dunkler als gewöhnlich ausfiel und die zerbrochenen Spaliere sich unter etlichen Schichten zähen Staubes beinahe bogen. Es gab einen lädierten unlackierten Tisch mit einem Loch in der Mitte, das in besseren Tagen einen Sonnenschirm aufgenommen hatte, und zwei weiße Korbstühle auf unterschiedlich langen Beinen, die sich selbstmörderisch aufdröselten. Es war nicht der ideale Ort für Flitterwochen. Andererseits war es auch nicht die ideale Zeit für Flitterwochen.
Tagsüber fanden inzwischen die großen Luftangriffe statt. Am Himmel tummelten sich Hunderte von

Flugzeugen. Der Höhepunkt kam an einem wunderschönen Sommertag, als die Italiener mit ihren Holzflugzeugen den Deutschen bei ihrem Versuch halfen, die Royal Air Force auszulöschen. Wir saßen im Garten, tranken Tee und fühlten uns wie Ehrengäste, die dem über unseren Köpfen stattfindenden Drama mit der distanzierten Faszination königlicher Hoheiten zusahen. Wir sahen Flammen, schwarze Rauchfahnen, in der Sonne glänzendes Metall, hörten einen Lärm wie von tausend Zahnbohrern, sahen sogar vom Wind seitlich abgetriebene Fallschirme, und doch konnten wir uns noch soviel Mühe geben, es gelang uns nicht, diese gewohnten Kriegsszenen mit den vielen menschlichen Tragödien in Verbindung zu bringen, die sich in unserem Sichtbereich abspielten. Das Kino war schuld daran, daß mir Gewehrfeuer immer unwirklich vorkam, sogar wenn ich selbst beschossen wurde. (...)
Am 25. Juli 1945 kam im Londoner Middlesex-Hospital unsere Tochter Tamara zur Welt. Heute ist sie ein anmutiges und charmantes Wesen, mit zarten Gesichtszügen. Damals war sie völlig kahl, ein Merkmal, das sie beängstigend lange beibehielt, und ihr Gesicht war so verschlossen und zäh, wie das eines sowjetischen Feldmarschalls. Als ich sie ansah und versuchte, väterliche Gefühle in mir zu wecken,

was bei solch winzigen Kindern nur auf intellektueller Basis gelingen kann, starrte sie mich mit erstaunlich festem Blick an, als erwarte sie ein volles Geständnis.

Wir zogen aus unserem kleinen, ziemlich baufälligen Reihenhaus mit Bohemienflair in eine mit allem Komfort ausgestattete, jedoch völlig gesichts- und charakterlose Neubauwohnung. Nach der langen, durch den Krieg erzwungenen Trennung, während derer sich zwei Personen unabhängig voneinander weiterentwickelt hatten, die mit neunzehn in den Stand der Ehe getreten waren, ließ sich unsere Beziehung durch nichts leichter belasten als durch diese riesige Behausung, die man, ohne daß es politisch tendenziös klang, bürgerlich nennen konnte. Ich war sehr damit beschäftigt, in meinem ersten Film Regie zu führen, was mich nicht gerade zum gesprächigsten aller Ehemänner machte.

* * *

Eine Ehe ist schon ruiniert, wenn die allerersten Intimitäten ..., wenn die Hochzeitsnacht ein einziges Erröten ist.

* * *

Geschenkter Hund

Angela betrachtete sich im Spiegel und taxierte kühl ihren Marktwert. Sie war nackt, und ein paar Tropfen Badewasser glitzerten noch auf ihren Schultern und Armen. Morgen sollte sie heiraten. Und es war die letzte Gelegenheit, sich mit solcher Unvoreingenommenheit zu betrachten. Sie dämpfte das Licht, denn die Helle schien ihr plötzlich zu indiskret. Kaum war das Zimmer ins Halbdunkel getaucht, nahm sie ihren Platz vor dem Spiegel wieder ein, um festzustellen, wie schmeichelhaft Photographie sein kann, wenn die Kunst des Dunklen und das Werk des Lichts zusammenspielen.
Ihr Mann würde mehr bekommen, als er verdiente. Ihr Körper war voll und reif und dennoch verschwiegen in seiner Üppigkeit. Aus allen Blickwinkeln war sie schön, und sie besah sich ihr Antlitz mit einem Ausdruck dahinschmelzender Dankbarkeit, die ihr die Quintessenz inniger Weiblichkeit zu sein schien. Dann verhärteten sich ihre Gesichtszüge, und sie tadelte sich mit einem Blick voll der besten Erziehung.

»Närrin«, sagte sie laut. »Närrin.«

Sie war sechsundzwanzig, ein Alter, in dem eine Frau, die argwöhnt, daß sie niemals heiraten wird, die erste Bestätigung lebenslanger Einsamkeit zu fühlen beginnt. Umgekehrt ist dies ein Alter, in dem jene, die Kinder mehr als jede andere Quelle der Fruchtbarkeit begehren, die ersten Stiche der Verzweiflung zu empfinden beginnen. Sie war beinah eine Ewigkeit mit Bryan Upstreet verlobt gewesen. Sie hatten sich als Kinder gekannt und sich gehaßt. Ihre Eltern waren befreundet und schienen sich zu verstehen. Jugend und Schulzeit traten dazwischen, und beide waren sie für einige Zeit getrennte Wege gegangen: er an eine berühmte Internatsschule in den Midlands, sie an ein altehrwürdiges Töchterseminar auf den Klippen von Kent. Als sie sich wiedertrafen, betrachteten sie einander mit der scheuen Zuneigung, die kindliche Haßliebe in jungen Erwachsenen hinterlassen kann. Ein Teil ihrer Beziehung war bereits das Resultat von deren Langlebigkeit, eine Eigenschaft, die gewöhnlich das Monopol wesentlich älterer Leute ist. Was sie aber nie erkannten, ist, daß ihre Schulen sie witzigerweise auf genau solch eine Ehe, auf genau solch eine distanzierte, vernünftige Liebe vorbereitet hatten. Sie sprachen mit dem gleichen abgehackten Akzent der britischen

Oberschicht, mit den ärgerlichen, groben Verunstaltungen einer Sprache Chaucers und Shakespeares, den schrulligen Abkürzungen, den herausgeschleuderten Vokalen und dem plötzlichen barocken Überschwang, der einen einzigen Laut mit einem Regenbogen von Farben befrachtet, wo grammatikalisch und ästhetisch nur Platz für eine einzige ist.

Sie hielten bei Tanzveranstaltungen Händchen, bis es zur Gewohnheit wurde, verbunden durch ihr Gefühl der Zugehörigkeit, nicht notwendig zueinander, sondern zu einer etablierten Norm. Aber natürlich wäre die Oberschicht niemals zur Oberschicht geworden, hätte sie sich von Anfang an so benommen. Wie alle Dinge ihre Zeit haben, so muß auch Dekadenz zwischen Aufstieg und Wiedererneuerung treten. Die Eleganz von heute ist nur das Resultat der Skrupellosigkeit von gestern. Der ehrenwerte Gyles Carchester-Fielding war es, der dies unter Beweis stellte, und zwar mehr als einmal. Er war selbstverständlich der Erbe eines Lord Sparshot. Selbstverständlich.

Mit *yeah-yeah* hatte er sich einen Weg in Angelas Leben getanzt, ähnlich wie mit Rumba-, Tango- oder Watussi-Rhythmen in manch anderes mehr oder minder unschuldiges Leben, bei einem dieser grandiosen Bälle, die in den nebligen Tälern der

englischen Countryside immer noch eine Illusion trägen Reichtums aufrechterhalten. Als Angela sich nackt im Spiegel betrachtete, erinnerte sie sich an die absurde Jagd durch die Nacht, im offenen italienischen Cabrio auf der Straßenmitte, ohne Rücksicht auf die drängenden Lichter entgegenkommender Wagen, ohne Rücksicht auf die Kälte, ohne Rücksicht auf überhaupt alles. Sie erinnerte sich, wie sie sich in dem Hotel in Maidenhead eintrugen, auch Gyles Drohung, als Mr. und Mrs. Smith zu unterschreiben.
»Wage es nur!« hatte sie gelacht.
Genau dies hatte er getan, und der Nachtportier hatte, ohne mit der Wimper zu zucken, gefragt: »Zimmer vierundzwanzig, wie üblich, Sir?«
Damals hätte sie es wissen müssen, aber es war ihr egal. Sie war berauscht von Champagner und Nachtluft, und sie hatte Verrücktheit im Sinn. Auf dem Zimmer hatte er versucht, sie auszuziehen, doch ihre gute Erziehung war in plötzlicher Aufwallung zu ihr zurückgekehrt, wie eine Ermahnung aus fernen Kindertagen. Sie hatte sich gesträubt, und er hatte sich eine Zigarette angezündet, eine türkische, speziell für seinen Vater hergestellt von einer alten Handwerksfirma in der Stadt. Ein amüsierter Ausdruck lag in seinen Augen, während er ihre

Reaktion studierte, ein Ausdruck, der eine Herausforderung war und gleichzeitig eine Verheißung verbotener Wonnen.
Sanft, aber unbarmherzig, begann er sie zu necken. War sie schon einmal im Ausland gewesen? Hatte sie schon mit vielen Männern geschlafen? War sie noch Jungfrau? Die Fragen plätscherten dahin wie in der Sprechstunde eines freundlichen Doktors. Die Peinlichkeit der Unwissenheit überwog auf einmal die Peinlichkeit der Nacktheit, und mit einer kontrollierten und automatischen Kälte, die sie zu anderer Zeit vielleicht in einem Hauswirtschaftskurs im Seminar an den Tag gelegt hätte, stieg sie aus ihrem Abendkleid, ließ ihren Unterrock auf den Boden fallen, knüpfte ihren Büstenhalter auf und hängte ihn über eine Stuhllehne.
Er rührte sich nicht, denn er hatte noch eine halbe Zigarette aufzurauchen.
Nach einem qualvollen Augenblick sagte er: »Du hast hübsche Brüste, weißt du das?«
»Wirklich?«
Verglichen zu werden gab ihr ein sonderbares Gefühl von Trost, von Vertrauen. Er zog tief an der Zigarette und verdarb ihr den Effekt, indem er den Rauchkringeln nachsah, die langsam zur Decke stiegen und sich dort auflösten.

»Du erwartest doch nicht von mir, daß ich aufs Ganze gehe, nicht wahr?« sagte sie mit ihrem abgehackten Akzent und klang damit obszönerweise angezogener denn je.
Er zuckte mit den Schultern.
»Ich wollte dir ja helfen, aber du wolltest mich nicht lassen«, antwortete er und setzte sich auf einen Stuhl – rittlings, als sei es ein Pferd.
In einem Anfall von Wut (eine Wut, in die sie sich hineinsteigern mußte, anders hätte sie es nicht durchgehalten) zog sie sich Schuhe und Strümpfe aus und kämpfte sich aus ihrem Hüfthalter. Ihre Verrenkungen entlockten ihm ein gutmütiges Lachen.
»Worüber lachst du?« fragte sie feindselig.
»Die Frau ist das wunderbarste Wesen der Schöpfung, verdammt«, kicherte er, »aber, um die Schicklichkeit zu wahren, zwängt sie sich in die lächerlichsten Kleidungsstücke, die ein perverses Hirn erfinden konnte. Du siehst aus wie ein seltsames afrikanisches Tier in der Brunftzeit.«
Sie stand in ihrem Höschen und hielt ihren Hüfthalter in der Hand, der jetzt aussah wie ein monströses verschrumpeltes Leukoplastpflaster für eine Blase am Finger eines Riesen, und starrte ihren Verführer an, der noch immer mit weißer Krawatte und Frack

dasaß und hinter einer blauen Tabakwolke hervorlachte; es war zuviel. Sie brach in Tränen aus.
»Laß uns nach Hause fahren«, sagte er müde und schickte sich an aufzustehen. »Wo wohnst du?«
Sie weinte bitterlich. Aber die Tränen kamen ihr nur mit Mühe, so daß sie die jämmerlichen Geräusche von jemandem hervorbrachte, der all sein Gefühl zurückzuhalten sucht.
»Du bist hysterisch«, fügte er überflüssigerweise hinzu.
»Oder du bist zu jung für dergleichen. Tut mir leid. Ich habe mich geirrt.«
Ihr Zorn kehrte zurück. Sie schrie irgend etwas in dem Sinn, er habe ja noch nichts dergleichen getan. Sie kehrte ihm halb den Rücken zu und zog ihr Höschen aus, mit der Panik von jemandem, der zum ersten Mal einen Kopfsprung macht.
»Prächtig«, sagte er.
»Was ist prächtig?« schrie sie, noch immer von ihm abgewandt, und dann drehte sie sich nach ihm um und fuhr mit herrischer, heftiger Stimme fort: »Ist das alles, verflucht, was du sagen kannst – ›prächtig‹?«
Während sie so dastand, wie Gott und Mrs. Symington-Stobart sie geschaffen hatten, ihr Körper geschüttelt von krampfhaftem Schluchzen, lächelte

er, drückte wohlkalkuliert seine Zigarette aus und begann langsam, seine Krawatte zu lösen.

Jetzt, da sie sich erinnerte, war sie wieder nackt, doch diesmal in einer völlig anderen Gemütslage. Du bist viel älter geworden, und ein bißchen weiser ... vielleicht, sagte sie sich. Es wäre sinnlos gewesen, dich ein Leben lang an einen Mann wie Gyles Carchester-Fielding zu binden, selbst wenn es bedeutet hätte, eines Tages Lady Sparshot zu sein. Es hätte bedeutet, das Unglück herbeizubeschwören. Damit hättest du dich im tiefsten Winkel irgendeiner Grafschaft begraben, wo die Leute nichts anderes zu tun haben, als zu mutmaßen, wer mit wem schläft und wo die gleichmäßigen Bewegungen der Pferde unter ihnen die müßigen Geister auf Kopulationsgedanken bringen. Die Ehe war eine Festung, aus der man Ausfälle in gefährlichere Gewässer wagen konnte, doch es war unbritisch und vor allem unviktorianisch, die Aufgaben von Ehemann und Liebhaber zu verwechseln. Gerade um solche Verwechslungen zu vermeiden, hatte die Architektur englischer Herrenhäuser so ein labyrinthisches, aller Logik spottendes Netzwerk von Korridoren hervorgebracht. Sie dachte an Bryan mit seiner Schülerbrille und seinem leichten Hang zum Stottern. Mit exemplarischer Hartnäckigkeit hatte er sein Examen fürs Foreign Office bestanden, und schon kleidete er sich mit dem lächerlichen Ernst eines Botschafters im Embryonalzustand. Sein Kopf ragte empor wie eine Riesenlakritzpastille, bedeckt mit einer üppigen Schicht pomadisierten gelben Haars, mit unglaublicher Akkuratesse in der Mitte gescheitelt, so daß die weiße Linie seiner Kopfhaut feucht und sauber und gesund hervorschimmerte. Er trug bereits die leicht gebückte Haltung des wißbegierigen, freundlichen und hilfsbereiten älteren Herrn zur Schau, eine Augenbraue immer etwas höher gezogen als die andere, steter Ausdruck seines Eifers, offen zu sein für jeden Scherz und immer empfänglich zu sein für alle Bekundungen von gutem Geschmack. Sein Hang zu gesellschaftlichem Takt wurde unterstrichen durch eine nervöse Gewohnheit, bei einer Unterhaltung das Wort »ja« mit metronomischer Regelhaftigkeit zu wiederholen, während ein anderer sprach, bis eine negative Antwort angebracht war und das »Ja« plötzlich in ein verständnisvolles und mitfühlendes »Nein« umschlug, meist eine Bruchteilsekunde zu spät, um sein Gegenüber zu überzeugen, daß er wirklich zugehört hatte. Und dies war der Mann, dem sie ihre halb erwachte Weiblichkeit überantworten wollte, ein Mann, der auf dem Liebeslager zweifellos all jene Qualitäten des Takts und der Höflichkeit entfalten würde, die ihn zum geborenen Diplomaten machten.

Ihre Träumerei wurde gestört durch das Eintreten ihrer Mutter, einer Dame, deren Gesicht an einen hie und da angeschlagenen Porzellanteller mit Blumenmuster erinnerte. Ihre Augen verschwanden beinah in den mit Make-up zugecremten Altersfältchen, ihre winzige Nase ragte hervor wie ein gekrümmter Finger, und Puder verstopfte die Poren, so daß ihr Gesicht in einem ungesund clownesken Weiß leuchtete.

»Was machst du da, Darling, in deinem Geburtskostüm?« forschte Mrs. Symington-Stobart.

Angela lief nach einem Handtuch und hüllte sich darin ein. Aus unerklärlichem Grund genierte sie sich in Gegenwart desjenigen Menschen, der sie öfter unbekleidet gesehen hatte als jeder andere.

»Nichts, Mutter«, antwortete sie, leicht gereizt.

»Ist es nicht einfach aufregend?«

»Nein, offen gesagt nicht. Ich frage mich, ob ich nicht den dümmsten Fehler meines Lebens mache.«

»Oh, das fragen wir uns alle am Tage vor unserer Hochzeit – allerdings ist es besser, du sagst es dir jetzt als später.«

»Du redest wie Bryan, Mami«, murrte Angela.

»Was willst du *damit* sagen?« fragte Mrs. Symington-Stobart, die einen Hang zu starken Betonungen hatte.

»Als ich dies Abenteuer mit Gyles Carchester-Fielding hinter mir hatte –«

»Oh, sprich nicht davon!«

»– sagte Bryan genau dasselbe wie du – oder beinah: ›Besser, du kriegst es jetzt aus dem Blut, altes Mädchen als später, wenn wir verheiratet sind.‹«

Es war eine grausame Parodie auf ihren Verlobten, und Mrs. Symington-Stobart stieß einen Seufzer aus, aber das immerwährende bebende Lächeln kehrte rasch wieder, als Schutzwall gegen die schockierenden Wahrheiten des Lebens.

»Wenn du so alt bist wie ich«, murmelte sie, »wirst du anfangen, etwas vom Wert der Dinge zu verstehen. Na, gute Nacht, mein liebes Hochzeitskind. Ich bin nur gekommen, um dich zu küssen und um einen Plausch zu halten, falls du gewollt hättest. Das war alles.«

Angela akzeptierte den Kuß mit steinerner Resignation, und da sie offensichtlich nicht zu einem Plausch aufgelegt war, ging ihre Mutter hinaus, mit einem noch tieferen Seufzer als üblich. Mit Rücksicht auf ihre bevorstehende Hochzeit schlief Angela gut und traumlos.

Der nächste Morgen war in jeder Hinsicht abscheulich. Als erstes entwickelte sich ein großer, pochender Pickel auf ihrer Wange, an einer Stelle, wo weder Schmuck noch die geschickte Drapierung ihrer Frisur ihn verbergen konnten. Ihr Hochzeitskleid saß nicht mehr wie bei der Schneiderin. Zupfend und zerrend kniete Mrs. Symington-Stobart hinter ihrer Tochter, und das gelegentliche Erscheinen Major Symington-Stobarts, halb angekleidet und bereits mit dem widerwärtigen und humorlosen Grinsen eines Mannes auf dem Gesicht, dessen steifer Kragen eine halbe Nummer zu klein ist, trug nicht dazu bei, die Spannung im Hause zu mildern. Die jüngeren Brüder Oliver und Eric flitzten in Unterhosen umher, durchdrungen von einem respektlosen Verständnis für den Anlaß, der sie dazu verführte, zotige Witze auf Kosten ihrer Schwester zu reißen, die sich allmählich wie ein zum Opfer bereitetes Mastkalb fühlte.

Als die Hochzeitsgesellschaft an der Kirche vorfuhr, war die Stimmung gereizt, und mit wahrem Entsetzen bemerkte Angela, daß ein kleiner italienischer Sportwagen direkt vor ihnen parkte. Verstohlen überblickte sie das Spalier romantischer alter Jungfern und sentimentaler Hausfrauen, die bei Hochzeiten mit der gleichen klinischen Aufmerksamkeit umherschwebten, die ausgeglichenere Naturen für Verkehrsunfälle aufbringen.

»Kuckuck!« rief Gyles Carchester-Fielding und umfing seine Beute in der Taille.

Die Symington-Stobarts musterten den Eindringling mit Unbehagen, und Angela, jungfräulich wie eine frisch vom Stapel gelaufene Yacht vor ihrem Verderber, sagte: »Was machst du hier?«

»Ich kann nicht zum Gottesdienst bleiben, ach, leider«, murmelte Gyles in seiner besten Verführermanier, seine Augen sprudelnd vor Bosheit. »Bin ohnehin keine Zier für 'ne Kirche – und Paps ist zurück aus Howth – hat 'ne neue Puppe in der Stadt –, aber dies hier, das hab' ich dir mitgebracht –«

Er schlug den Mantel auf und zog einen riesigen Hundewelpen von unbestimmbarer Rasse hervor. Gegen ihren Willen mußte Angela lächeln, und die sentimentalen Ladys gurrten vor Entzücken.

»Oh, wie allerliebst!« rief sie. »Ist es ein Er oder eine Sie?«

»Nie im Leben würde ich dir eine Sie schenken«, sagte Gyles. »Es ist eine Rasse, die Paps zu züchten versucht, er nennt sie Leominster-Bluthunde. Sie sind sehr selten. So selten wie du. Da hast du ihn, mit all meiner Liebe.« Er sprang zu seinem Auto und fuhr davon.

Rasch wurde Rat gehalten, was mit dem unerwarteten Hochzeitsgeschenk zu geschehen habe. Bruder Oliver fand sich bereit, das Tier in die Kirche zu schmuggeln, sich nah an den Ausgang zu setzen und es beim ersten Zeichen von Unruhe hinauszuschaffen. Der Major war zu unsicher, um Einwände zu machen, obwohl er irgend etwas von »armseligem Theater« zischte, und Mrs. Symington-Stobart fragte ganz offenherzig, ob »dieser flotte Lothario« nicht schon genug Schaden angerichtet hätte.
»Mutter, bitte!«
Der Geistliche schaffte es in seiner Ansprache, eine Ahnung davon zu vermitteln, daß die Ehe ein drückendes Joch sei, ein Zustand ungedankter Selbstaufopferung, ein ständiges Schlucken bitterer Medizin, beendet erst durch die Trennung im Tode, was sich aufgrund seiner klagenden Stimme anhörte wie die segensreiche Erlösung vom eintönigen Epos mißverstandener Gesten und bruchstückhafter Freuden. Der erste und einzige, der gegen diese düsteren Prophezeiungen protestierte, war der Hund, der mit einem tiefen, seinen Jahren weit vorgreifenden dantesken Baß zu heulen anfing. Die Leute schauten sich mit empörter Belustigung um, während sich die steinernen Augen des Geistlichen mit Tränen füllten. Oliver, der erkannte, daß der Hund noch nicht

das Alter der Selbstbeherrschung erreicht hatte, brachte ihn schleunigst aus der Kirche. Aber diese Rasse war von Lord Sparshot für waidmännische Sportarten gezüchtet worden, und jetzt gab das arme, entwurzelte Tier seinem Unglück mit voller Stimme Ausdruck, da die widersprüchlichen und verwirrenden Düfte der Straße ihn in der Nase zu kitzeln begannen. Oliver konnte nicht abschätzen, ob das Geheul in der Kirche zu hören sei, doch es schien unwahrscheinlich. Er war im Irrtum.

Bryan wurde immer erregter und warf Angela strenge Seitenblicke zu, die zu verstehen gaben, daß sie für diese Verhöhnung seiner Hochzeit verantwortlich sei. Angela nahm Zuflucht zu einer Miene schlichter Frömmigkeit, doch als ein paar jüngere Mitglieder der Gemeinde zu kichern anfingen, fühlte sie, wie ihre Beherrschung sie verließ. Es war eine Reaktion der Nerven. Ihr Zwerchfell pulsierte von selbst, und dagegen war sie machtlos. Sie fing an zu lachen. Der Geistliche, dessen Quell der Trostlosigkeit unerschöpflich war und der nur in den Pausen zwischen ihren Lachanfällen zu Wort kam, sowie das Bewußtsein der Erwartung machten die Sache für sie noch schlimmer. Als Bryan sich endlich mit dem Ring zu ihr umdrehte, glaubte sie, er würde ihr den Finger brechen. Beim zeremoniellen Kuß spürte sie die Glut seines Zorns in der Verspannung seiner Lippen.

Endlich war die Zeremonie vorbei, aber der Welpe wußte das nicht. Er untermalte das trostlose Orgelspiel, während alle sich hinausbewegten, mit noch verzweifelterer Beharrlichkeit als zuvor. Der Empfang fand in einem der größeren, unpersönlichen Hotels statt, und hier konnte das Hündchen frei umherlaufen und in einem Wald von Beinen nach einem vertrauten Duft schnuppern. Manchmal blickte es mit einem Ausdruck tragischer Dankbarkeit auf, wenn eine freundliche Hand sich regte, um ihm den Kopf zu tätscheln, aber dann taumelte es wieder los – mit der unkoordinierten Tapsigkeit eines sehr jungen Geschöpfes – und verbellte den ganzen Saal mit unerträglich schrillen Lauten. Ein gewisses Unbehagen lag in Major Symington-Stobarts Stimme, als er die Telegramme verlas, auf die das Hündchen anscheinend allergisch reagierte, denn es begann zu heulen. Solcher Art ist der Masochismus der Briten, wenn sie mit dem Unglück geringerer Kreaturen konfrontiert werden, die ohne den Vorteil sprachlicher Verständigung zu leben gezwungen sind, daß alle Sympathien rasch dem unglücklichen Hündchen zuflossen und eine Atmosphäre der Feindseligkeit gegen jeden menschlichen Übergriff auf den Seelenfrieden des lieben Tierchens entstand.

Als die Torte angeschnitten wurde, hätte es ebensogut die Hochzeit des Hundes sein können, tatsächlich schnappte er sich mit so schneller wie tückischer Bewegung das erste Stück vom Teller und zerfleischte es am Boden, als sei es etwas Lebendiges. Die Gäste fanden seine Gefräßigkeit einfach unwiderstehlich, während Angela aufschrie, als ihre Hand zwischen den Messergriff und den härteren, heißeren Griff von Bryans Hand geriet, die zornig auf die Torte niederfuhr. Die Reden und Toasts waren alle von jener Art, die Hochzeitsfeiern zu Bewährungsproben der wahren Liebe machen. Dr. Upstreet war, sofern überhaupt möglich, noch weniger inspiriert als Major Symington-Stobart. Im Gegensatz zu dessen endlosen Vorbehalten und Beteuerungen seiner Unzulänglichkeit bei Aufgaben dieser Art verströmte Dr. Upstreet eine Sicherheit, eine Kraft und Klarheit, die bei diesem heiteren Anlaß einfach unangebracht schienen. Er schwelgte ausführlich in Erinnerungen an die ersten kindlichen Symptome, die seine Frau und ihn zu dem Schluß führten, daß ihr einziger Sohn das Zeug zum Botschafter hätte. Eine Anekdote nach der anderen wurde zum Ergötzen der Versammlung vorgetra-

gen, Anekdoten, die im Lauf der Zeit ihren Witz, ja sogar ihre Pointe verloren hatten – für jeden, mit Ausnahme des hingebungsvollen Biographen, der nun herzhaft lachte, und zwar allein, während er jede einzelne Erinnerung auskostete. Jetzt war es an Angela, ihrem frischgebackenen Gatten Blicke voller kühler Feindseligkeit zuzuwerfen, der seinen Vater während der endlosen halben Stunde dieser Ansprache mit Freuden hätte erwürgen können. Endlich kam für das junge Paar die Zeit zum Aufbruch. So liebenswürdig wie möglich winkten sie der Gesellschaft ein Lebewohl.
»Sagen Sie mir, wie werden Sie den Hund nennen?« fragte eine Dame, die für eine Frauenzeitschrift über die Hochzeit berichtete.
»Casanova«, antwortete Angela, ohne nachzudenken.

Die Flitterwochen fanden in einem Hotel in Folkestone statt. Ins Ausland zu reisen kam nicht in Frage, denn Bryan arbeitete hart im Foreign Office und erwartete ohnehin, nach Übersee versetzt zu werden. Das Hotelpersonal sprudelte über von jener widerlichen Komplizenhaftigkeit, die Flitterwochen umgibt, voll Augenzwinkern und Lächeln und zuckersüßem Verständnis, auch wenn man sich reichlich bestürzt zeigte über die Ankunft des Hundes, weil Haustiere in diesem Hotel streng verboten waren, selbst an der Leine.

Um aber keinen Schatten auf das rührende Bild intakter Illusionen fallen zu lassen, gab die Hotelverwaltung in diesem Punkt nach.

»Achten Sie aber darauf, daß das Kerlchen sich möglichst ruhig verhält«, flehte der Empfangschef. »Sonst wollen demnächst auch andere Gäste ihre Lieblinge mitbringen.«

»Das würde man einen Präzedenzfall nennen«, sagte Bryan mit einem pedantischen kleinen Kichern.

»Absolut richtig, Sir«, schnarrte der Portier, der eine Autoritätsperson erkannte, sobald er sie sah.

Angela fragte sich, was sie eigentlich in ihrem Mann gesehen hatte. Ihre Gedanken bewegten sich weiter in diese Richtung, und als sich die Tür hinter ihnen und ihrem ersehnten Alleinsein schloß, versäumten sie es, einander in die Arme zu sinken. Sie setzte sich vor ihren Toilettenspiegel und betrachtete ihr müdes Gesicht und den pochenden Pickel auf der Wange. In ihrer Beziehung zu Spiegeln lag ganz allgemein etwas Ungesundes. Sie schienen für sie Ratgeber zu sein, und wie stets war der Rat, den sie gaben, bestechlich, parteiisch und unmoralisch. Sie sah Bryan im Hintergrund auf und ab gehen, der so tat, als sei er mit diesem und jenem beschäftigt. Er polierte seine schlechte Laune auf. Die Fahrt in der gemieteten Luxuskarosse hatte man praktisch schweigend hinter sich gebracht, abgesehen von einer kurzen Debatte, ob das Fenster geschlossen oder leicht geöffnet bleiben sollte, ein Höhepunkt dieser ersten Begegnung der Herzen, die so lange vorhalten sollte wie das Leben selbst. Plötzlich spürte Angela eine feuchte Nase an ihrem Knie, und sie richtete all ihre frustrierte Liebe auf Casanova, dessen unstete rötliche Augen hysterisch zwischen Dankbarkeit und dem Verlangen nach mehr und immer mehr Liebe schwankten. Bryan empfand einen Stich der Eifersucht, die wuchs, ganz gleich, wie energisch er sich ermahnte, sich nicht lächerlich zu machen. Schließlich versuchte er, ihr die Liebe des Hundes abspenstig zu machen, indem er am anderen Ende des Zimmers in die Hocke ging und sich bemühte, verspielt dreinzuschauen.

Der rauhe Adelsmann hatte Casanova jedoch so gezüchtet, daß er nur einen Herrn anerkannte, und die Tatsache, daß er Angela in den Arm gelegt worden war, galt ihm mehr als ein Zeichen. Auf beschämende Weise ignorierte er Bryan, der weiter auf seinen Knien herumrutschte und leise Hundelaute ausstieß. Leise, weil Bryan ein großer Ordnungsfreund und die Ermahnung der Hotelleitung für ihn bereits Gesetz geworden war. Casanova warf ihm mißtrauische Blicke zu, dann bellte er plötzlich – ein mächtiges Bellen aus archaischer Zeit – und stürzte sich auf Bryan.

»Er hat mich gebissen!« Bryan richtete sich zu voller Größe auf, und seine Würde umhüllte ihn wie eine Pelerine.

»Oh, Schatz, es ist doch nur ein Hündchen!« schrie Angela.

»Schau, bis aufs Blut!«

»Komm, ich küss' es dir weg.«

Auf dem Weg zu ihrem Gatten blieb Angela stehen, um Casanova ein paar gezielte Schläge auf seine Schnauze zu geben. Casanova zuckte zusammen und blickte sie voll Verehrung an.

Sie küßte Bryans Finger, und dann küßten sie sich auf den Mund. Der Hund, empört über den Anblick solcher Harmonie, fing an zu kläffen.

»Still!« kommandierte Angela, und Casanova fiel wie ein kleiner Sack zu Boden.

»Ich werde nach Jod klingeln«, sagte Bryan. »Das verdammte Vieh hat wahrscheinlich Tollwut.«

Sie speisten auf ihrem Zimmer, denn immer, wenn sie hinausgehen wollten, um sich in den Speisesaal zu begeben, fing Casanova an zu heulen. Pflichtgerecht prosteten sie sich mit Champagner zu, und als es Zeit wurde, zu Bett zu gehen, entkleideten sie sich, als gelte es, in den Badeanzug zu schlüpfen. Bewußt hatte Angela Bryan noch nie ohne Brille gesehen, und er sah ganz anders aus. Zum erstenmal glichen seine Züge denen seiner Eltern, und sie hatte eine störende Vision von all den Verwandten, die im Geiste ihr Hochzeitsbett teilen würden. Seine Unterwäsche war nicht von modernster Art. Sie war von babyblauseidener Diskretion, die mehr über seine Geisteshaltung als über seinen Körper verriet. Sein Pyjama war gestreift, rot und schwarz, und ihr schien es, als hülle er sich sogar für die Nacht in die Loyalität zu seinem Club. Sie bürstete sich ihr Haar, so daß es in jungfräulicher Fülle und Schlichtheit über ihre Schultern fiel, und schlüpfte diskret in einen durchsichtigen Traum aus Lavendel und Spitzen, verziert mit kleinen Unschuldsschleifchen. Ein Zischen erregte ihre Aufmerksamkeit, und sie drehte sich um, rechtzeitig, um zu sehen, wie Bryan ein atemverbesserndes Mundspray benutzte.

»Oh, kalt!« sagte sie, als sie ins Bett schlüpfte.
»Das werden wir bald ändern«, erwiderte er, sichtlich errötend, weil er glaubte, zu weit gegangen zu sein. Zaghaft rückte er an sie heran und spielte eine Weile mit ihrem Haar.

»Du bist die schönste Frau, die ich je gesehen habe«, sagte er ziemlich förmlich.
»Danke«, antwortete sie.
Kurz darauf fragte er, ob es nicht ihrer Meinung nach ein wenig hell sei.
Sie pflichtete bei und knipste ihre Nachttischlampe aus.
Im Schutz der Dunkelheit machte er sich verstohlen an sie heran, und sie spürte die Nähe seines Mundes, denn sie versank in einem Nebel von Pfefferminz und Nelken. Dann fühlte sie ein schweres Gewicht über sich, doch es fühlte sich nicht an wie das Gewicht eines Mannes.
»Aus dem Bett!« zischte Bryan. »Runter! Runter! Geh auf dein Kissen!«
In der Dunkelheit überkam Angela die gleiche überspannte Reaktion wie in der Kirche, und sie fing hilflos an zu lachen.
»Du lachst schon wieder!« sagte Bryan vorwurfsvoll.
»Ich kann nicht anders.« Sie lachte um so mehr, als sie eine Pfote auf ihrer Brust fühlte und eine heiße, klebrige Zunge ihr Gesicht einzuseifen begann.
Das Licht ging auf Bryans Seite an. Er setzte die Brille auf und erhob sich in äußerster Wut.
»Ich werde ihn einschläfern lassen!« brüllte er.
»Hinunter! Verstehst du mich?«

»Oh, Schatz«, flehte sie. »Er ist doch noch ein Hündchen.«
»Das wirst du noch sagen, wenn er zehn Jahre alt ist und mit dir im Bett liegt und ich im Hundezwinger sitze!«
Dies brachte sie wieder zum Lachen.
»Das ist nicht komisch!« kreischte er. »Das ist eine tragische Wahrheit. Sorge dafür, daß der verdammte Hund dir gehorcht. Auf mich hört er nicht. Mich beißt er nur!«
»Runter! Geh aufs Kissen. Geh, mach die Augen zu!« sagte Angela.
Schuldbewußt glitt Casanova aus den Bett und trottete zu seinen Kissen. Bryan folgte ihm mit den Augen, und plötzlich brüllte er wieder los: »Schau!«
Da war eine riesige Pfütze am Boden, und die Zierspindel, die am Ende der Vorhangschnur hing, war bis zur Unkenntlichkeit zernagt. Holzsplitter und Stoffetzen lagen überall verstreut.
»Das werde ich alles bezahlen müssen!« kreischte Bryan. »Und das ist erst der Anfang. Wir sind noch eine Woche hier. Zeit genug für ihn, das ganze Hotel zu zerlegen!«
Es klopfte gebieterisch an der Wand.
»Hörst du?« flüsterte Bryan.
»Was?«

»Die Nachbarn. Der nächste wird der Direktor sein. Mach das Licht aus!«
»Es ist deine Lampe, die brennt.«
»O ja.« Bryan drehte sich nach dem Hund um.
»Jetzt bleib, wo du bist!« befahl er mit mahnendem Finger.
Casanova knurrte, und Bryan löschte das Licht. Fast im selben Moment hörte man klirrendes Glas. Beide wußten, daß eine Vase mit teuren Blumen auf einem kleinen Beistelltisch gestanden hatte, mit besten Empfehlungen von der Hotelverwaltung. Angela fing wieder an zu lachen, eine Mischung aus Lachen und Weinen, und Bryan hatte nicht den Mut, das Licht wieder anzumachen. In seiner praktischen Art hoffte er, daß das Blumenwasser auf die Hundepfütze gekippt war und daß man das Ganze als Unfall herunterspielen könne. Unfälle konnten immerhin jedem passieren, und am Ende wäre der Direktor sogar gezwungen, sich zu entschuldigen, daß man die Blumen auf ein so zierliches Tischchen gestellt hatte.
Die Nacht war ruiniert und damit die Flitterwochen.

Zurück in der Stadt, in ihrem neuen kleinen Haus, probierten sie eine neue Methode aus, die im Hotel unmöglich gewesen wäre. Sie stellten den Hundekorb auf den Flur. Sie taten es voll neuem Besitzerstolz. Es gab einen kleinen Garten, für den man planen konnte, und Möbel – ererbte, geschenkte und gekaufte. Sie waren zu Hause.

In der ersten Nacht benahm Bryan sich absolut zauberhaft. Er war entschlossen, seine Ehe in geordnete Bahnen zu bringen, trotz ihres katastrophalen Anfangs. Ein Tag im Büro, fern den häuslichen Sorgen, hatte ihn in beste Laune versetzt, und er hatte das Gefühl wiederentdeckt, sein eigener Herr zu sein. Er brachte Angela Rosen und hörte sogar mit bewundernswerter Gelassenheit ihre Klagen an. Anscheinend hatten sie Mrs. Bradlock verloren, die Haushaltshilfe, weil sie die Art nicht ertrug, wie der Hund sie anstarrte.

»Macht nichts, ich werde das Geschirr spülen, bis wir eine tierliebende Hilfe finden«, sagte Bryan.

Angela war gerührt durch solch wunderbare Nachsicht und begann wieder, ihrem eigenen Urteil zu trauen. Sie kochte ein Abendessen, das sie einträchtig und sogar glücklich zu sich nahmen, und Bryan wagte es, über Veränderungen zu spekulieren, die sie vornehmen müßten, falls sich Familienzuwachs einstellen sollte.

Sie gingen zu Bett, gutwillig und mit einem Gefühl von Abenteuer, ohne daß die Liebe eine leere Sache

bleibt. Der gestreifte Pyjama wirkte jetzt flott, unternehmungslustig, während die Pfefferminzwolke nach einem Hauch Frühling duftete.
Sie löschten das Licht und fanden einander im Dunkeln, voll Freude und voll Erleichterung. Dann begann das Scharren – das Scharren und dann das Fallen eines schweren Gegenstandes.
»Was war das?« fragte Bryan.
»Oh, Schatz, wen kümmert's?«
»Mich kümmert es.«
Der Zauber war wieder verflogen.
Bryan stieß die Tür auf, und als er zurückkehrte, verkündete er mit rechthaberischer Stimme: »Die Queen-Anne-Standuhr, die dein Vater uns geschenkt hat, ist von oben bis unten zerkratzt. Und der Aufsatz ist heruntergefallen. Er liegt in Stücken.«
»Die Uhr, die Daddy uns schenkte?« schrie Angela erschrocken und stolperte aus dem Bett. Sie entdeckte Casanova und prügelte ihn gehörig durch. Er winselte leise und kroch in sein neues Körbchen, das bereits nur noch ein halbes Körbchen war, denn zernagtes Weidengeflecht lag im ganzen Haus verstreut. Angela brauchte jemanden, an dem sie ihr Schuldgefühl auslassen konnte.
»Wer hat die Tür zum Speisezimmer offenstehen lassen?« fragte sie.

»Ich hatte erwartet, in einem Haus zu wohnen, nicht im Gefängnis.«
»Es ist doch nur logisch, nicht wahr, wenn ein Welpe im Haus ist, ich meine, die Türen zu schließen.«
»Logik ist nur von relativem Nutzen, wenn man es mit einem verrückten Hund zu tun hat – ich bitte um Verzeihung, einem verrückten Welpen.«
»Oh, um Himmels willen, du bist zu Hause, nicht im Büro!«
»Jedenfalls war nicht ich es, der die Speisezimmertür offenließ.«
»Machst du mir Vorwürfe?«
Wieder konnte offensichtlich eine Nacht abgeschrieben werden, und sie endete in den frühen Morgenstunden, als Bryan ein Ultimatum stellte. Sie würde wählen müssen zwischen ihm und Casanova. Eine andere Möglichkeit gab es nicht. Man würde den Hund weggeben oder töten müssen.
Die Tatsache, daß er in seiner geistigen und physischen Erschöpfung vorgeschlagen hatte, den Hund zu töten, empörte Angela, und sie hielt es ihm von nun an auf dem Höhepunkt jeder weiteren Auseinandersetzung vor. Als Kompromiß beschlossen sie, das Tier für ein Weilchen wegzugeben, und mit dem Instinkt einer Mutter, die spürte, daß in der Ehe ihrer Tochter etwas nicht stimmte, fand Mrs.

Symington-Stobart sich bereit, Casanova aufzunehmen.

Er wurde vom Chauffeur abgeholt und schaffte es während der kurzen Fahrt, eine Armstütze und einen halben Sitz im Familien-Rolls-Royce zu zerlegen. Die Symington-Stobarts taten ihr Bestes und duldeten jede Peinlichkeit, und am Ende ihrer Geduld waren sie erst angelangt, als Casanova Mrs. Symington-Stobarts Pekinesen totbiß und ihr den Leichnam wie ein gut ausgebildeter Jagdhund im Maul apportierte, während sie im Salon mit drei anderen Damen beim Bridge saß. Sie mußte nach dieser Tragödie zur Schlafkur ins Sanatorium, aber ihr Gatte, rasend vor Wut, konnte Casanova nirgends finden. Er war ausgerissen.

Während seiner Abwesenheit herrschte eine merkwürdige, drückende Stille in Angelas Haus. Wenn Bryan im Büro war, begann sie das Tier zu vermissen, erst heimlich und ungläubig, dann ganz offen. Jetzt, da sie frei war, mit ihrem Tag anzufangen, was sie wollte, wollte sie nichts mit ihm anfangen. Sie bekam jenen harten, spröden Gesichtsausdruck, den unbefriedigte Frauen haben, und in ihrer Zwanglosigkeit lag etwas Gezwungenes. Selbst ihre Zerstreuungen schienen sorgfältig geplant, und ihre Konversation war beängstigend kühl.

Wenn Bryan abends nach Hause kam, fand ihre Unzufriedenheit ein Ziel. Inzwischen war der Hund durch seine Abwesenheit spürbarer zugegen als vorher. Jetzt gab es keine Katastrophen, die die Aufmerksamkeit der beiden von dem beharrlichen Schweigen während ihrer Mahlzeiten und der Stille ihrer Nächte abgelenkt hätten. Sie waren nicht verheiratet. Sie lebten nicht einmal zusammen. Sie wohnten nur unter demselben Dach.

Und in Bryans Abwesenheit geschah es eines Tages, daß Angela in Versuchung geriet. Sie wählte Gyles' Nummer und legte den Hörer auf, bevor jemand Zeit fand, abzunehmen. Ihre Wangen glühten vom Gefühl der Gefahr, und sie geriet durch die Verwegenheit ihrer Tat in eine Art ruchloser Ekstase.

Am nächsten Tag ging sie eiskalt noch einen Schritt weiter. Es wurde ihr mitgeteilt, er werde gegen acht zurück sein. Ob sie eine Telephonnummer hinterlassen wolle? Nein, das wollte sie nicht. Acht sei ein bißchen spät für sie. Sie würde es morgen wieder versuchen.

Sie tat es. Gyles schien entzückt, aber nicht überrascht, ihre Stimme zu hören.

»Wie macht sich das Hündchen?«

»Oh, sehr gut. Vielen Dank. Er ist mächtig gewachsen. Im Augenblick ist er auf dem Land.«

»Im Grunde ist er ein Hund wie geschaffen fürs Land.«

»Ja, ich weiß.«

»Behandle ihn hart. Es sind sehr launische Hunde, und sie lieben es, hart angefaßt zu werden. Eine sehr feminine Rasse, wie man sieht. Übrigens, wie nennst du ihn?«

»Casanova.«

Einen Augenblick herrschte Schweigen.

»Besonders passend«, sagte Gyles. »Und wie läuft die Ehe?«

»Was geht dich das an?« antwortete Angela.

»Ich will es wissen, falls ich mich je versucht fühle, das Geschlecht fortzupflanzen.«

»Sie hat ihre Vor- und Nachteile.«

»Wie ist er im Bett?«

»Du bist das Allerletzte, ehrlich«, sagte Angela, die vor Erregung errötete.

»Wieso? Ist das nicht wichtig?« fragte Gyles unschuldig.

»Das ist es. Sehr wichtig sogar. Falls du's wissen mußt, er ist absolut großartig.«

»Ich hätte dir diese Frage nicht stellen sollen.«

»Warum um Himmels willen nicht?« Angela war plötzlich großzügig.

»Weil es sehr enttäuschend ist, falls es stimmt.

Und weil es sehr traurig und sehr tapfer ist, falls nicht.«

Wieder entstand eine Pause, eine sehr lange.

»Wie ist deine Telephonnummer?« fragte Gyles schließlich.

»Typisch.«

»Was ist?«

»Du bist sogar zu faul und arrogant, um im Telephonbuch nachzuschlagen.«

Sie legte auf und stellte sich seine Stimme vor, wie sie an anderen Ende »Angela ... Angela!« rief.

Ihr Tagtraum wurde unterbrochen, als das Telephon klingelte.

Er kann es noch nicht sein, dachte sie, es sei denn, er hätte vorher die Nummer nachgeschlagen.

»Hallo«, sagte sie.

Es war ihr Vater, der sie schalt, sie verbringe ihr ganzes Leben am Telephon. »Konnte einfach nicht durchkommen«, knurrte er und erzählte ihr dann die ganze bedauerliche Geschichte vom Tod des Pekinesen.

»Aber wo ist Casanova jetzt?« fragte Angela aufgeregt.

»Du bist wirklich merkwürdig, Angela«, sagte Major Symington-Stobart. »Li-Pong ist tot, deine Mutter wurde im fortgeschrittenen Schockzustand ins

Smallwood-Hill-Sanatorium eingeliefert, und du machst dir nur Sorgen, wo dieser verfluchte Welpe steckt.«

»Ich will wissen, wo er ist«, beharrte Angela in unangenehmem Ton.

»Weißt du, daß er den Rolls praktisch zerlegt hat? Der Tennisplatz ist eine einzige Schweinerei, die Petit-Point-Sessel sind nicht mehr zu reparieren, das ganze Haus liegt bis unters Dach voll Baumwolle und Porzellanscherben, und er hat Ambrose beinah einen Finger abgebissen. Wäre Ambrose nicht schon so lange bei uns –«

»Daddy!« unterbrach Angela mit drohender Beharrlichkeit.

»Was?«

»Ich habe dir eine Frage gestellt.«

»Ich habe nicht die blasseste Ahnung, wo der Satansköter steckt. Und obendrein ist es mir egal! Ich habe die Polizei benachrichtigt, aus Bürgerpflicht. Ich hoffe, sie haben ihn erschossen.« Und er knallte den Hörer auf.

Danach wanderte Angela eine Stunde erregt durchs Haus. Falls es noch Liebe in ihr gab, so galt sie jetzt Casanova. Sie fühlte sich gebraucht – und hilflos. Tränen flossen ihr über die Wangen. Als sie sich eine Zigarette anzündete, merkte sie, daß ihre Hände zitterten. Schließlich hockte sie, wie üblich, vor ihrem Frisiertisch, und im Spiegel sah sie das Porträt einer reifen Frau, tief und unglücklich verliebt. Sie brauchte nicht lange nachzudenken, denn sie hörte ein leises Kratzen und Winseln an der Haustür. Sie lief hin und öffnete. Da stand Casanova, zitternd und reumütig mit dem Schwanz wedelnd. Sie fiel auf die Knie und umarmte ihn, wie Penelope den Odysseus umarmt haben mochte. Als sie ihre Fassung wiedergefunden hatte, brachte sie ihn ins Badezimmer und frottierte sein nasses Fell mit dem erstbesten Tuch, das ihr in die Hand fiel, zufällig war es Bryans Gesichtshandtuch, mit seinen Initialen in der Ecke. Dann gab sie ihm warme Milch und bettete ihn vor das Gasfeuer des Kamins im Salon. Er revanchierte sich für all diese Fürsorge, indem er ihr mit matter Beharrlichkeit das Gesicht leckte und auf dem Weg vom Bad in den Salon in der Vorhalle eine gewaltige Schweinerei hinterließ.

Als Bryan nach Hause kam, trat er in die Schweinerei, verlor aber nicht die Fassung. Er war unverhohlen guter Laune, ließ seine beschmutzten Schuhe neben dem Schirmständer zurück und trat in den Salon. Der Hund knurrte schwach.

»Der Hund ist wieder da, wie ich sehe«, sagte er fröhlich.

Angela berichtete ihm die ganze Geschichte so dramatisch wie möglich, doch er schien nur halb hinzuhören, und selbst die fürchterlichsten Einzelheiten ließen ihn bemerkenswert unbeeindruckt.

»Nun, ich habe auch einige Neuigkeiten«, meldete er, nachdem er sich höflicherweise vergewissert hatte, daß seiner Frau die Worte ausgegangen waren. »Ich habe endlich meine Versetzung. Sir Norman Guildforth-Nasmith wird uns mitnehmen, wenn er nächsten Monat als Botschafter nach Bagdad geht.«

»Bagdad!« staunte Angela.

»Ja, Bagdad. Es werden mindestens zwei Jahre sein. Ziemlich heiß dort, soviel ich weiß. Du wirst allerhand Einkäufe machen müssen. Ich habe schon ein angloarabisches Wörterbuch bestellt.«

»Bagdad. Wo ist das?« fragte Angela.

»Irak, glaube ich.« Bryan war ernüchtert und bemühte sich angestrengt um einen verständnisvollen Ton. »Oh, dann bleibt noch das Problem Casanova«, fuhr er fort.

Es war so ungewöhnlich für ihn, den Hund beim Namen zu nennen, daß beide, Angela und Casanova, ihn anblickten.

»Selbstverständlich können wir ihn nicht mitnehmen«, erklärte Bryan. »Wegen der Quarantänebestimmungen. Falls wir ihn außer Landes bringen, können wir ihn nicht ohne sechsmonatige Quarantäne wieder einführen. Und das ist unfair für einen Hund. Es bedeutet dreieinhalb Jahre in einem Hundeleben.«

»Oh, das ist der Grund für deine gute Laune«, murmelte Angela.

»Nein, nein, das sind die kühlen Fakten, Schatz«, antwortete er. »Immerhin weiß ich, wie sehr du an dem …, an Casanova hängst, und ich würde alles tun, um es zu ermöglichen, daß er mitkommen kann, aber leider …«

»Du bist ein verdammter Heuchler«, sagte Angela ruhig. »Du haßt dieses Hündchen, und du bist hoch entzückt, mir die schlechte Nachricht überbringen zu können. Es macht dir ein sadistisches Vergnügen, hier hereinzuspazieren und das Unvermeidliche auf deiner Seite zu wissen. Ah, ich habe auch Neuigkeiten für dich. Ich werde nicht nach Bagdad gehen. Du kannst allein gehen.«

»Du bist meine Frau«, sagte Bryan. »Und du wirst mit mir nach Bagdad kommen.«

»Nein, das werde ich nicht.«

»Und außerdem sind wir morgen abend zum Dinner bei Sir Norman und Lady Guildforth-Nasmith. Es ist eine große Ehre, dort eingeladen zu sein. Das ist der Grund für meine Begeisterung, falls du's wis-

sen willst ... und der Grund für meinen angeblichen Sadismus.«
»Niemals wirst du erraten, wer heute angerufen hat, wie aus heiterem Himmel«, schnurrte Angela, ihre Taktik ändernd.
Bryan ging hinaus.
»Bist du nicht neugierig?« rief sie hitzig.
Er kam mit einem Lappen und einem Topf zurück.
»Ich mach' meinen Job als Haustier«, sagte er.
»Ich werde die Schweinerei meines Rivalen aufputzen, die durchs Haus stinkt.«
»Gyles Carchester-Fielding.«
»Was ist mit ihm?«
»Er rief an.«
»Dieser Mann«, sagte Bryan. »Das ist poetische Gerechtigkeit. Da kann Casanova gleich dorthin zurückkehren, woher er gekommen ist.«
Casanova schaute in diesem Moment über seine Schulter und begegnete Bryans Blick. Vielleicht kam es nur daher, daß er seinen Namen gehört hatte, auf den er zu reagieren anfing, aber Bryan sah dort einen beinah menschlichen Haß aufblitzen. Einen Moment war Bryan versucht, sich zu entschuldigen, verscheuchte aber ärgerlich diese verrückte Idee und ließ sich mit hörbarer Anstrengung auf die Knie fallen.

Angela weinte und haderte fast die ganze Nacht, und sie erklärte, sie werde nicht mit nach Bagdad gehen, obwohl sie im Herzen wußte, daß sie es tun würde. Die Vorstellung war einfach zu aufregend. Bryan saß aufrecht im Bett, manchmal tobend und manchmal scheinbar in ein Buch vertieft, das er schon einmal gelesen und langweilig gefunden hatte. Einmal kam er in Versuchung, sie zu schlagen, beherrschte sich aber, als er sich die bis in endlose Zukunft verlängerte Kette der Vorwürfe vorstellte. Noch bemerkenswerter als dieser Familienstreit war die Tatsache, daß Casanova sich während all dessen perfekt benahm und ruhig auf seinem Kissen lag und kein einziges Mal bellte oder auch nur winselte.
Das Frühstück wurde schweigend eingenommen.
»Ich werde rechtzeitig zurück sein«, sagte Bryan, als er ins Büro aufbrach.
»Sei bitte so freundlich und lege nur den Smoking heraus. Die Guildforth-Nasmiths wohnen in Chelsea. Das Dinner ist um Punkt acht.«
Angela verbrachte den Tag am Telephon mit ihren Freundinnen, denen sie erzählte, daß sie in Kürze in Bagdad sein würden.
»Oh, Liebste, wie aufregend!«
»Nicht wahr? Bryan hat dort einen schrecklich guten Posten ergattert. Es ist nur ein erster Schritt, na-

türlich, aber Sir Norman soll riesig nett sein – wir sind dort heut' abend zum Dinner –, und man sagt, Sir Norman ist eigentlich der geborene Mann für Paris und Washington – und weil er so große Stücke auf Bryan hält ...«

Um halb sechs etwa begann Angela die Wanne zu füllen. Sie hatte Bryans Smoking ordentlich auf seiner Seite des Ehebettes zurechtgelegt. Daneben ein sauberes Hemd, frische Unterwäsche, seine Manschettenknöpfe und seine Smokingspange, seine Abendsocken und sein Menthol-Mundspray. Auf dem Weg ins Bad fiel ihr auf, daß Casanova vor der Haustür stand.

»Du möchtest nach draußen, mein Liebling?« fragte sie erstaunt. Bisher hatte er nie hinausgewollt und war ganz zufrieden mit dem Teppich gewesen. Er wedelte mit dem Schwanz. Sie öffnete die Tür und sah ihn zur Hecke hinüberlaufen, wo er ein Bein hob.

»Wir werden aus dir noch einen anständigen Hund machen«, sagte sie und fügte hinzu: »Du wirst jetzt dort bleiben und das Haus bewachen, während Mami ein Bad nimmt.«

Bryan kehrte heim, während Angela in der Wanne lag, und kaum hatte er die kleine Pforte geschlossen, die von der Straße zum Garten führte, als Casanova ihn mit solcher Wucht ansprang, daß er taumelte und seine Brille auf den Kies fiel. In blindem Schrekken, sich der Nähe des Hundes bewußt, sank er auf alle viere und tastete nach seiner Brille. Der Hund packte ihn am Nacken, wie sein Instinkt ihm befohlen hätte, einen wilden Eber oder Hirsch zu fassen, und kaum lag Bryan auf der Erde, grub er seine Zähne tief ein und zerfetzte das schutzlose Fleisch mit der rasenden Disziplin eines Tieres, das dem Gesetz der Natur gehorcht. Nachdem er sein Werk getan hatte, beschnupperte er mit offenkundiger Gleichgültigkeit Bryans reglose Gestalt und trollte sich ins Haus, als wäre nichts geschehen.

Angela kam aus dem Badezimmer – nackt, bis auf die Duschhaube – und ging in ihrem Zimmer hin und her. Sie machte sich nicht mal die Mühe, die Gardinen vorzuziehen. Weil sonst niemand da war, mit dem sie hätte sprechen können, sprach sie mit Casanova, der sie vergnügt anschaute.

Sorgfältig machte sie sich für die Abendgesellschaft zurecht.

»Der alte Knabe übertreibt's ein bißchen, findest du nicht?«

Casanova wedelte einmal mit dem Schwanz.

»Viertel vor sieben, und noch keine Spur von ihm. Das sieht ihm nicht ähnlich, was? Punkt sieben Uhr

dreißig, Frühstück. Halb sieben abends, Schlüssel ins Haustürschloß – pünktlich wie die Uhr. Gott, sehe ich müde aus. Verdammte Dummheit. Die Nacht ist zum Schlafen da, oder ... Ach, na, reden wir nicht darüber, mein Casanova, auch wenn es ein bißchen deine Schuld ist. Die Liebe. *L'Armour. Armore. Love.* Wie sagt man auf hündisch, frage ich mich?«
Von einer nahen Kirche schlug es sieben.
»Wir kommen zu spät! Na, einmal wenigstens nicht meine Schuld.«
Ihr Ärger wuchs, und statt ihr Abendkleid anzuziehen, legte sie sich aufs Bett. Seine Schuld, immerhin, wenn er sie unbekleidet vorfand.
»Was, du bist noch nicht fertig?« würde er fragen – und dann, als empörter Nachsatz: »Zieh wenigstens die Gardinen vor, wenn du schon so herumliegen mußt!«
Während sie in solch attraktiv-perversen Gedanken schwelgte, gab es im Bett einen unangenehmen Ruck, und Casanova stand oben, den Kopf gesenkt, und starrte auf sie herab.
»Was machst du da? Sofort hinunter! Sofort!«
Der Hund machte keine Anstalten, ihr zu gehorchen.
Sie lächelte, unwillkürlich ein wenig erschreckt, und sagte:

»Na gut, bleib also oben, aber leg dich hin und laß dich nicht vom Alten erwischen, sonst ist die Hölle los. Dein Leben wäre, wie meines, nicht mehr lebenswert.«

Casanova legte sich neben sie und starrte sie an, seine orangeroten Augen leuchtend und reglos wie die einer Eule.

Träge begann sie mit seinem Ohr zu spielen, faltete es und klappte es wieder auf, während sein Maul sich öffnete und er zu hecheln anfing, die Augen jetzt halb geschlossen, wie in Ekstase. Die Wärme seines Fells an ihrem Schenkel war nicht unangenehm. Es war auch seltsam beunruhigend für sie, daß sie ihren Sklaven ein wenig fürchtete.

»Oh, mein Casanova«, murmelte sie, »mein ruchloser Casanova, du bist jetzt nur ein Hündchen ... Wie wirst du erst sein, wenn du ein Hund bist?«

Gatte! Was für ein lästiges Ding ist doch ein Mann, wenn er den widerwärtigen Namen Gatte trägt! – Und doch, gäbe es keinen Gatten, so würden die kleinen Fehltritte, für die wir Frauen von Welt so schwärmen, der Würze ermangeln. (…) Und doch, es fehlt mir jetzt ein Liebhaber. Aber zuerst ein Gatte, denn ohne einen betrogenen Gatten ist der Liebhaber nur ein halbes Vergnügen.

* * *

Es gibt eine, an die ich immer wieder denken muß, bis auf den heutigen Tag. (...) Eine Frau, mit der ich nie ein Verhältnis hatte ..., die ich nur ein einziges Mal in meinem Leben sah – und das bei einer Einladung unter vielen fremden Menschen. Ich habe nicht einmal ihren Namen richtig verstanden. Ich habe keine Ahnung, ob sie verheiratet war oder ledig. Wir haben auch nicht viel miteinander gesprochen – wir standen nur da und starrten einander an. Es war unwahrscheinlich. Oh, ich hätte alles über sie erfahren können, aber aus irgendeinem Grund wollte ich nichts tun, was diesen Augenblick hätte zerstören können – vielleicht war es der einzige wahre Augenblick meines Lebens, wo Worte überflüssig waren –, es gab nur ein seltsames Verstehen, einen Hauch von Melancholie und Resignation – eine erschreckende und zugleich beglückende Einsicht ...

* * *

Trotz Tamaras zauberhaftem Herumtollen ging mein Familienleben zusehends in die Brüche. Keine Frage, so konnte es nicht weitergehen. Wir stritten uns. Es waren keine handfesten Kräche, eher ermüdende Rechtfertigungsversuche, die sich nie sehr lange an einem Punkt aufhielten, sondern sich auf vorgegebenen Pfaden über die Landschaft von Differenzen quälten. Uns umgab eine dumpfe Leere, die durch die unbeschwerte Fröhlichkeit unserer Tochter nur noch schlimmer wurde. Daran war keiner von uns beiden schuld, eher die Umstände. Während der heroischen Kriegsjahre glich unser Leben dem Leben aller anderen, aber jetzt, im Frieden, unternahm ich alles, um meine Fähigkeiten zur Selbstverwirklichung zu entfalten und die verlorene Zeit aufzuholen, während sich die mystischer und abstrakter veranlagte Isolde immer mehr aus meiner Realität abkoppelte und wie betäubt in sich selbst zurückzog.

Offenbar war sie bei diesem Rückzug doch nicht so betäubt, wie es schien, da mir auffiel, daß sich häufig ein junger Bursche mit sympathisch herausforderndem Gesichtsausdruck bei uns zu Hause auf-

hielt. Mich erstaunte zwar ein wenig, daß er mir nie vorgestellt wurde, aber da ich große Stücke auf persönliche Freiheit halte und kaum eine Rolle lächerlicher finde als die des mißtrauischen Ehemannes, fragte ich nie, wer er war. Das erfuhr ich jedoch früh genug, als nämlich Isolde erklärte, sie wolle ihn heiraten.
Ich bat sie, ihre Entscheidung noch einmal zu überdenken. Ihr Entschluß, sagte sie, stehe fest. Sie sehne sich nach einem ruhigen, undramatischen Leben, nach einen streßfreien, gelassenen Leben. Sie glitt still aus meinem Leben und ich kaum lauter aus dem ihren. Leid tat mir Tamara, aber ihre offene, fröhliche Art deutete darauf hin, daß sie gut zurechtkommen würde. Dennoch, wenn ich etwas hasse, dann Verantwortungslosigkeit. Ich hege eine puritanische Abneigung gegen die Sorte Egoismus, die erst ein Leben in die Welt setzt und es dann sich selbst überläßt.

Etwas später entdeckte ich beim Herumstöbern in Mrs. Moronis Zeitungsladen in Soho auf dem Umschlag einer Zeitschrift das Foto eines wunderschönen Mädchens. Das Blatt enthielt eine Story über sie, und unter dem Bild fand sich die neckische Legende: »*J'adore les contes de fées*« (Ich liebe Märchen). Ich gab vor, das Heft für eine nichtexistierende Köchin zu kaufen und nahm es ins Theater mit, neben all den anderen ausländischen Zeitschriften, die ich gewöhnlich holte.

Drei Tage später tauchte mein französischer Agent André Bernheim nach der Vorstellung in meiner Garderobe auf – in Begleitung des Mädchens von dem Zeitungsumschlag. Sie hieß Suzanne Cloutier und war eine junge frankokanadische Schauspielerin, die in Orson Welles' Othello-Verfilmung die Desdemona gespielt hatte. Sie hielt sich in England auf, um in DERBY DAY, einem Film von Herbert Wilcox, mitzuwirken, und André Bernheim fragte, ob ich mich freundlicherweise um sie kümmern würde. Als sie die Zeitschrift auf meinem Garderobentisch entdeckte, erzählte ich ihr ehrlich, wie ich dazu gekommen war.

Solche glücklichen Fügungen vermitteln einem manchmal den Eindruck, das Schicksal habe seine Hand im Spiel gehabt. Sie berichtete mir, sie sei auf der Flucht vor Orson Welles, dessen Beauftragte sie überall suchten, um sie zur Erfüllung eines Vertrages zu zwingen, für den sie nicht bezahlt worden sei. Daher müsse ihre Arbeit in Wilcox' Film als geheime Kommandosache behandelt werden.

Ein Vertreter der Filmgesellschaft Paramount Pictures, mit der sie eine langfristige Vereinbarung hatte, und ich brachten sie in einem abgelegenen, aber luxuriösen Hotel unter, und dort begann ein unwahrscheinlicher Krimi, der darin gipfelte, daß sie in einem eleganten Restaurant auf Orson Welles stieß.

Er war überaus zuvorkommend, überrascht, sie zu treffen, und erkundigte sich freundlich nach ihrem Befinden. Das Geplauder wirkte alles andere als bösartig, und es war auch keine Rede davon, daß sie zur Erfüllung irgendeines Vertrages gezwungen werden sollte, und Suzannes sämtliche Versuche, verängstigt zu wirken, verwandelten Orson nicht in den dämonischen Svengali, der er offenkundig gar nicht sein wollte.

Ein wenig später, beim Tanzen – jawohl, man hatte mich zu diesem unpassenden Zeitvertreib gezwungen –, erzählte sie mir, ihre Mutter sei eine deutsche Jüdin namens Braun und ihr Vater stamme von einem indianischen Häuptling ab, dessen Name mir entfallen ist, aber davon abgesehen sei sie Britin und – trotzig – Französin, und als solcher hätten ihr die verbrecherischen anglokanadischen Behörden das Recht verweigert, ihre Muttersprache zu lernen, die sie übrigens fließend beherrschte. All dies verkündete sie im Brustton der Überzeugung, und obwohl mir das meiste ziemlich unglaubwürdig vorkam, entbehrten diese Erzählungen nicht eines gewissen komischen Charmes, zu dem nicht unerheblich beitrug, daß sie sich selbst so ernst nahm.

Die Leute waren entzückt von Suzannes Frische, von ihrer phantasievollen Art und der Ausdauer, mit der sie ihre Ziele verfolgte, und ich war es, wie ich zugeben muß, ebenfalls. Und auch wenn man nicht so recht wußte, was man für bare Münze nehmen sollte, hatte sie selbst das Ja bereits kommentiert: Sie liebte Märchen – »*J'adore les contes de fées*«.

Suzannes erste Ehe war nie vollzogen worden. Damit soll nichts über ihren Mann gesagt sein, einen bedeutenden Arzt, denn als er sich nach dem Hochzeitsempfang umsah, war Suzanne verschwunden. Das Eheglück der beiden hatte einen guten halben

Tag gedauert, dann war die Braut unterwegs nach New York, um Mannequin bei Powers zu werden. Sie hatte sich, wie sie mir erzählte, dem ganzen Pomp und Aufwand einer Militärhochzeit (ihr Mann war damals noch bei der Armee gewesen, und ihr Vater war General) nur unterzogen, um ihren Eltern eine Freude zu machen. Offenbar war ihr nie der Gedanke gekommen, daß diese Freude durch den Kummer über ihr Verschwinden wieder aufgewogen wurde, was ich, gelinde gesagt, beunruhigend fand.

Es sollte jedoch noch mehr Überraschungen geben. Suzannes Eltern hatten eine ungeheuer komplizierte, kirchenrechtliche Prozedur zur Annullierung der Ehe eingeleitet. Viele Jahre später fällte man die Entscheidung, eine Neuigkeit, die Suzanne im Verlauf eines mitternächtlichen Telefonats von Monseigneur Leger, dem Erzbischof von Montreal, mitgeteilt wurde.

Ich versuchte gerade, unseren Sohn, der zahnte und sich die Lunge aus dem Hals brüllte, zum Bäuerchen zu überreden und gleichzeitig unsere Tochter abzulenken, die ihres Schlafs beraubt worden war und deshalb ebenfalls schrie, während Suzanne mir verzweifelt andeutete, ich solle die Kinder zum Schweigen bringen, und am Telefon erfuhr, Mutter Kirche

habe ihrem Antrag auf Annullierung wegen Nichtvollziehung des Eheaktes stattgegeben. Sie verlieh ihrem Dank mit ungerührter Stimme Ausdruck und äußerte sich erstaunt, daß solche Wunder möglich seien, unterbrochen von Beteuerungen, die Leitung sei nicht gestört.
»C'est curieux«, sagte der Erzbischof, »je pense entendre des enfants pleurer.«
»C'est peut-être l' Atlantique, Monseigneur«, deutete Suzanne ehrerbietig an.

* * *

Es ist schon eine große Freude zu beobachten, wie die eigenen Kinder aufwachsen. Man erkennt in ihnen die Fehler, die man selber hat, und die Tugenden seiner Frau – und das dürfte gewiß zur Beständigkeit der Ehe beitragen.

Sofort nach der Heirat fuhren wir nach Hollywood. Ich war engagiert worden, in dem Film THE EGYPTIAN mitzuwirken, und freute mich auf die Zusammenarbeit mit Marlon Brando, einem der Stars. (...)
Als THE EGYPTIAN fertig war, den ich mir nie ansah, weil ich ihn schon bald bei den Dreharbeiten so unglaublich dämlich fand, bat mich Mike Curtiz, mit Humphrey Bogart, Aldo Ray, Basil Rathbone und Joan Bennett an einem anderen Film mitzuwirken, der WIR SIND KEINE ENGEL hieß.
Es paßte uns sehr gut, noch ein wenig in Hollywood zu bleiben, da Suzanne inzwischen hochschwanger war und nicht mehr reisen konnte. Sie war bei einem berühmten Gynäkologen gewesen, der sich in erster Linie für mein Einkommen zu interessieren schien, da er, wie er mir erklärte, ein Zehntel davon als Honorar verlangte, was in meinen Fall steuerlich

absetzbar sei. Ich bekam Alpträume, in denen mich mein Steuerberater ausschimpfte, weil ich keine Zwillinge hatte, von denen wir einen geschäftlich und den anderen privat hätten nutzen können. Offenbar begriff der Gynäkologe nicht, daß ich als britischer Bürger mit Wohnsitz in Großbritannien nur über ein sehr begrenztes Taschengeld für solchen Luxus wie Geburten verfügte; schließlich fanden wir einen kanadischen Arzt, der in Europa Urlaub machen wollte und folglich bereit war, sich in Pfund Sterling bezahlen zu lassen. (...)

Unsere Tochter Pavla kam am 2. Juni 1954 um 15.33 Uhr im St. John's Hospital in Santa Monica zur Welt. An jenem Abend war ich bei den Bogarts eingeladen, wo ich spät eintraf, da ich den ganzen Tag in der Klinik zugebracht hatte. Bogie mixte gerade einige Drinks in der Bar, um sie dann ins Wohnzimmer zu bringen.
»Na?« fragte er mit ängstlichem Blick.
»Ein Mädchen. Beide sind wohlauf«, sagte ich.
Sein so menschliches und unbewußt sanftes Gesicht verzog sich zu der desillusionierten Grimasse, die sein Markenzeichen war.
»Was ist los?« fragte ich leicht ironisch. »Bist du nicht einverstanden?«

»Nein, nein«, grummelte er. »Gratuliere und was sonst noch alles. Ich höre nur schon den Lärm, den die Frauen im Wohnzimmer machen werden, wenn du ihnen die Neuigkeit mitteilst.« Dann legte er, das Tablett mit den Drinks in der Hand, die herrlich überzogene Parodie eines Zimmers voller Frauen aufs Tapet, die gerade erfahren, daß eine Geburt stattgefunden hat: »Ooouuh ...«

Wir gingen gemeinsam ins Wohnzimmer. Bogie sagte, er habe etwas mitzuteilen, und fuhr im trockenen Tonfall eines Boxringansagers fort: »Peter ist soeben stolzer Vater eines kleinen Mädchens geworden. Mutter und Kind sind wohlauf.«
»Ooouuuh ...«
Während er seine Martinis verteilte, warf Bogie mir den bösesten Blick aus seinem beneidenswert großen Repertoire an bösen Blicken zu. Ich mußte zugeben, daß seine Parodie kein bißchen überzogen gewesen war.

Als ich den Film beendet hatte, beschlossen wir, mit dem Neugeborenen über Mexiko, Kuba, Haiti und Jamaika langsam nach England zurückzukehren. Dort würden wir ein französisches Schiff besteigen, die Antilles, das auf dem Weg nach England in

Guadalupe, Martinique, Port of Spain, La Guaira und Vigo haltmachte.

Trotz ständiger finanzieller Engpässe war Hollywood aufregend gewesen. Wir waren jung und abenteuerlustig, und das Leben in dem winzigen Appartement am Wilshire Boulevard verlief ereignisreich; meist waren es angenehme Ereignisse. (…)

Nach unserem gerüttelten Maß an Exotik wirkte England ein wenig ernüchternd. Das Haus war zwar schön, aber mit dem Kind nicht besonders praktisch. Es ging überall treppauf und treppab, und es gab eine nicht enden wollende Reihe respektgebietender Kindermädchen, die es höchstens ein oder zwei Wochen aushielten.

Im Haus herrschten oft schwer erträgliche Spannungen, und es wurde immer klarer, daß Suzanne eine Abneigung gegen allerlei Englisches hatte, was auf Vorurteile zurückzuführen war, die gar nichts mit den Engländern zu tun hatten, sondern mit Kanadiern englischer oder schottischer Abstammung. Den Wahrheitsgehalt vieler Anschuldigungen konnte ich nicht überprüfen, andere wiederum kamen mir zumindest unwahrscheinlich vor. Allmählich wurde ich immer mehr Friedenswächter, statt

Verbündeter zu sein, und oft konnte ich meine Würde nur noch durch Schweigen retten. (...)

Unser englischer Steuerberater war der Meinung, wir sollten ein Jahr lang auf Reisen sein, eine Auffassung, die ich zuerst teilte, doch Suzanne hatte andere Pläne. Immer wieder war von der Schweiz die Rede, und obwohl ich auf das Stigma verzichten konnte, das die Presse den sogenannten Steuerflüchtigen anhängte, störte mich die Habgier der britischen Finanzbehörden gegenüber Freiberuflern doch so sehr, daß ich einem Wohnsitzwechsel nicht gänzlich abgeneigt war. Ich fand, daß man die Erfolgreichen von uns wie kleine Fabriken behandelte, und habe meine damalige Meinung nicht geändert, daß dies eine verheerend kurzsichtige und gefährliche Einstellung ist. (...)

Wir begannen unser Exil in einem gemieteten Chalet in Villars-sur Ollon, was für mein Wohlbefinden ein wenig zu hoch lag. Statt zu arbeiten, rutschte ich die meiste Zeit auf dem Eis aus, steckte hüfttief im Schnee oder fühlte mich schläfrig. Es war schön zu wissen, daß die Kinder vom Skifahren genauso angetan waren, wie mich viel früher das Segeln begeistert hatte, und mich entschädigte, daß ich ihnen diese Annehmlichkeiten und Zeitvertreibe bieten konnte, die ich nie hatte, aber in der Höhe fühlte ich mich unwohl. Schließlich mieteten wir in einem Hotel in Montreux eine Suite, wo wir ein entsetzliches Leben führten, vergleichbar einer exilierten königlichen Familie, die aus Fatalismus oder Gewohnheit geduldig ihrer Ermordung harrt. Der See bildete einen schimmeligen Hintergrund zu den schmiedeeisernen Balkonen und dem Krächzen der Raben, die wie feuchte Waschlappen auf dem Rasen landeten. In dem Ort gab es leere Musikpavillons zuhauf, alte Damen in Grüppchen und Marmeladengläser, auf denen Namen standen; in den Geschäften verkaufte man Kuckucksuhren und Spitzen. Überraschenderweise hatte sich Vladimir Nabokov über uns eingemietet und schöpfte aus der leblosen Umgebung Inspiration. (…)

Aus reiner Verzweiflung kaufte ich ein Stück Land in einem Ort namens Les Diablerets. Man stößt so selten auf ein nach dem Teufel oder vielmehr den Unterteufeln benanntes Dorf, daß ich diesen Kauf wahrscheinlich aus Auflehnung gegen die alles durchdringende Frömmigkeit meiner Umgebung tätigte. Hier begannen wir mit dem Bau eines Chalets, da ich, anders als Nabokov die faden Düfte von

Montreux lähmend fand, besonders wenn die tristen Hotelflure vom Geschrei gesunder und gelangweilter Kinder widerhallten.

* * *

Solange sie (die Frauen) jung sind, erröten sie so hübsch und erwecken ganz den Anschein der Zimperlichkeit – aber sie sind in einer harten Schule erzogen und warten nur ihre Zeit ab. Plötzlich schlagen sie zu. Wenn sie keine Kinder haben, dann werden sie giftig und unangenehm – wir dürfen ihnen das nicht einmal zum Vorwurf machen, wir sind keine Frauen und werden das nie verstehen. Aber wenn sie Kinder haben, dann ergreifen sie gierig von allem Besitz – und das Familienleben wird zu einem aussichtslosen und herzzerbrechenden Kampf.

Wie alle guten Frankokanadier zog es Suzanne wie eine Motte in die Stadt der Lichter, daher erstanden wir eine möblierte Wohnung in Paris, in der wir uns gelegentlich aufhielten. De Gaulles »Vive Québec Libre« war schon in Sicht, und viele Franzosen, die Nachhutgefechte zugunsten der Frankophonie führten, bevor die Sprache der Angelsachsen (wer auch immer das sein mochte) alles überrannte, delektierten sich gern an Schlachtberichten aus dem linguistischen Untergrund. Ganz gleich, worüber wir beim Abendessen sprachen, früher oder später landeten wir regelmäßig bei diesem öden Thema, das lediglich durch immer phantasievollere Einzelheiten ausgeschmückt wurde. Ich hörte es mir stillschweigend an, da ich dazu nichts zu sagen hatte und mich unmöglich über etwas aufregen konnte, das ich nur aus zweiter Hand kannte und worüber ich nur das wußte, was die anderen so maßlos erzürnte. Mittlerweile kamen und gingen die Sekretärinnen im gleichen schwindelerregenden Tempo wie früher die Kindermädchen. Offenbar gab es immer irgendwelche Unverträglichkeiten, und um des lieben Friedens willen ließ ich alles laufen, wie gehabt. Als ich einmal von einer kurzen Auslandsreise zurückkam, fand ich wieder eine andere Sekretärin vor, was an sich nicht weiter überraschend war, aber die neue, ein fast ein Meter achtzig großer Koloß, konnte weder Schreibmaschine schreiben noch Stenographie. Als ich auf der Straße einem befreundeten Journalisten begegnete, erfuhr ich ziemlich verspätet, was offenbar le tout Paris schon wußte, nämlich daß meine neue Sekretärin eine frankokanadische Aktivistin war, die man festgenommen hatte, als sie gerade die Freiheitsstatue in die Luft jagen wollte. Natürlich durfte man bei einer solchen Person nicht erwarten, daß sie eine Schreibmaschine bedienen konnte. Dieses Mal blieb ich hart, da ich mir nicht vorstellen konnte, daß jemand, der auf die ungeheuer bescheuerte Idee kam, eine Statue in die Luft zu jagen, einen leiser vorgetragenen Gedanken verstehen würde. Über Nacht wurde ich – wie ich zugeben muß, zu meiner Erleichterung – ein Reaktionär und eine kapitalistische Hyäne.

Es war eine wahre Erleichterung, als mich wieder ein Ruf ereilte, diesmal aus Australien, von Fred Zinnemann. Damals war es leider immer eine Erleichterung, wenn mich irgendwer rief – was mir die Kinder übelnahmen, aber das erfuhr ich natürlich erst später.

Man ist ja immer so dumm, sich einzubilden, Ehen müßten um der Kinder willen aufrechterhalten werden, womit man sich nicht anders verhält als im Zölibat lebende Priester, die gern mit Ratschlägen über Dinge zur Hand sind, bei denen ihre moralischen Vermutungen keinerlei praktischen Wert haben. Kinder spüren als erste Unehrlichkeit und vorgetäuschte Harmonie in gescheiterten Ehen. Sie fordern größere Ehrlichkeit, als Erwachsene zu bieten willens oder imstande sind.

Ich hegte die kühne Hoffnung, die Ursache der Querelen zu entfernen, indem ich meine Person entfernte, doch da täuschte ich mich. Ich steckte nur meinen Kopf in weit entfernten Sand, statt mit dem Sandhaufen vor meiner Tür zufrieden zu sein.

Viel weiter als Australien konnte man den häuslichen Spannungen wohl nicht entfliehen.

Für den Augenblick zu leben kann durchaus aufregend sein, doch diese Augenblicke haben die Eigenheit, sich anzusammeln und Zeit zu werden. Ich lebte mich aus, als sei das Leben wirklich so kurz, wie es den Anschein hatte. An meine Abenteuer erinnere ich mich mit einer Mischung von Vergnügen und Schmerz und der Hoffnung, daß ich anderen mehr Vergnügen als Schmerz bereitet habe; aber man kann den Grad an Liebe nicht messen, die man investiert, wenn man die eigenen Gefühle durch altmodische Vorstellungen von Dauerhaftigkeit durcheinanderbringt, vermengt mit einer ständig vorhandenen latenten Unsicherheit.

Da wird eine Menge romantischer Quatsch geredet, der einzig Richtige und all so was – aber wenn es eine Vereinbarung war, macht man sich zur Aufgabe, eine bestimmte Person zu lieben; das wird dann rasch zur Gewohnheit, und Gewohnheiten sind viel dauerhafter als romantische Zuneigungen. Das ist eine Tatsache. Mehr Gewohnheit – weniger Scheidung.

* * *

Meine zwei Scheidungen und andere Hindernisse

Das Ende (meiner ersten) Ehe kam mir merkwürdig lau vor. Alles war sehr englisch und sehr vernünftig, als einzige Würze diente die alberne Farce, einen Detektiv zu einen vereinbarten Zeitpunkt in ein Hotel zu schicken, wo Isolde mit einem gedungenen Ehebrecher sitzen und Karten spielen sollte. Alles verlief programmgemäß und, wie der Jurist sagt, ohne geheime Absprache, so daß ich bald reif für das Gericht war. Eines Morgens rief mich mein Anwalt an und mahnte mich zur Eile, die Verhandlung finde um elf Uhr statt, und der Richter sei ein Mr. Tudor Rees.
Ich saß zu Hause mit einem *Who's Who* auf den Knien im Badezimmer. Dort schlug ich Richter Tudor Rees nach, damit ich wußte, mit wem ich es zu tun hatte. Für einen Scheidungsfall schien er ein viel zu bedeutender und qualifizierter Mann zu sein, aber mir fiel auf, daß der Mädchenname seiner Frau Dorothy Sidebotham war, im Norden Englands ein sehr angesehener Name, den man nicht so leicht vergißt.

Ich betrat den Gerichtssaal, während noch die Scheidung vor meiner verhandelt wurde. Dem Richter gegenüber saß eine bemitleidenswerte Frau, einen mit Plastikkirschen geschmückten schwarzen Strohhut auf dem Kopf. Sie lächelte beharrlich, als habe man ihr aufgetragen, sie solle einen guten Eindruck machen.

»Während Ihr Gatte mit seinem Schlachtkreuzer unterwegs war, luden Sie also den fraglichen Polen, Jerzy...«, an dieser Stelle kämpfte der Anwalt vergeblich mit einem komplizierten polnischen Nachnamen, bis er schließlich aufgab und flehend den Richter ansah. »Es gab da einen fraglichen Polen, Euer Ehren.«

Der sich Notizen machende Richter schaute kurz auf und nickte.

»... Sie luden den fraglichen Polen in Ihre Mietwohnung in Lee-upon-the-Solent ein...«

Der Anwalt nickte seiner Mandantin zu, die ihre Zustimmung nuschelte.

»Und dort, im Wohnzimmer, am Freitag, den vierten, fand auf dem Sofa die Vereinigung statt«, brüllte der Anwalt mit gewaltiger Stimme und nickte.

Mir kam der Gedanke, daß ich noch nie gehört hatte, wie ein Ehebruch schäbiger beschrieben worden war als in einem Gerichtssaal unter dem Löwen-und-Einhorn-Wappen.

Ich war über die Gefühllosigkeit dieser Prozedur regelrecht erschüttert, doch meine Erschütterung verwandelte sich in blanke Angst, als ich erfuhr, daß ich als nächster dran war.

Mein Anwalt, ein Abgeordneter aus Ulster, stellte mir eine Reihe vorhersehbarer Fragen, die ich mit überdeutlicher Theaterstimme beantwortete, um ja nicht mißverstanden zu werden. Zwar erhielt ich Tamara zugesprochen, mußte mein Recht jedoch abtreten, da das Kind noch zu klein war. Alles schien in diesem heuchlerischen Ritual glänzend zu verlaufen, als mich der Richter plötzlich mit wachem und neugierigem Blick musterte.

»Warum?« fragte er und schwieg. Im Gesicht meines Anwalts spiegelte sich Entsetzen.

»Warum?« wiederholte der Richter. »Warum haben Sie Ihrer Tochter den exzentrischen Namen Tamara gegeben?«

»Ich finde den Namen ganz und gar nicht exzentrisch«, erwiderte ich ohne Hochmut.

Der Richter lief vor Ärger rot an. »In meiner ganzen Laufbahn«, erklärte er, »ist mir noch kaum ein exzentrischerer Name untergekommen.«

»Vergessen Sie nicht, Euer Ehren, daß ich einen

russischen Nachnamen trage«, gab ich zu bedenken. »Es klänge lächerlich, wenn ich meine Tochter, sagen wir, Dorothy nennen würde.«
Er sah verdutzt auf und vergaß einen Moment, mich einzuschüchtern. »Dorothy ist ein ganz ausgezeichneter Name«, sagte er.
»Unter gewissen Umständen, Euer Ehren, läßt sich kein besserer denken. In meinem Fall jedoch nicht.« Kurz umspielte ein verschmitztes Lächeln seine Lippen. Ich stellte mir vor, wie er sich eine Anekdote zurechtlegte. Wenn er am Abend nach Hause kam, würde er sagen: »Übrigens, Dorothy, Liebes, du kommst nie drauf. Heute stand bei mir dieser Schauspieler Ustinov vor Gericht, und stell dir vor, was passiert ist ...«

Die arme Isolde, die es kaum erwarten konnte, wieder zu heiraten, mußte (also) in einem miesen Hotelzimmer sitzen, mit einem gedungenen Herren Karten spielen und geduldig darauf warten, daß ein Detektiv zur verabredeten Stunde eindringen und sie entdecken würde. Nach einem solchen kompromittierenden Vorfall dauerte es sechs Wochen, bis das vorläufige Scheidungsurteil erging und die nächste Verhandlung stattfand, damit der zuständige Beamte überzeugt war, daß keinerlei geheime Ab-

sprache der beteiligten Parteien vorlag. Welch göttliche Heuchelei! Wie stilvoll wusch man damals in der Öffentlichkeit schmutzige Wäsche!
Heutzutage wird nur noch Geld gewaschen. Das bewies meine zweite Scheidung. Auch wenn ich wieder ins Dozieren verfallen sollte, muß ich ein paar Allgemeinheiten einflechten, um das Spezielle verständlicher zu machen. (…)
In der Schweiz, einem in mancherlei Hinsicht bewundernswerten Land, nehmen zur Zeit die Banken den Platz von Atomkraftwerken ein. Der Fallout einer überhitzten Wirtschaft streicht als kaum wahrnehmbarer Dampf über die grünen Täler, des Schicksals Geheimwaffe gegen das hochmütige calvinistische Denken. Es war nie, wie Bernard Shaw behauptet, ein wie ein riesiges Hotel organisiertes Land, noch beruht sein ganzer Ruhm auf der Kukkucksuhr, wie Orson Welles andeutete.
Vor nicht allzulanger Zeit brachte dieses Land die härtesten Söldner Europas hervor. Weshalb sollte sich der Papst eine Schweizergarde zulegen, wenn nicht, um sich vor den italienischen Fürsten zu schützen? Irgendwann jedoch entdeckten die Schweizer, daß sie sich – wenn auch für gutes Geld – ständig gegenseitig umbrachten, und beschlossen, ihren Riecher fürs Geld konstruktiver einzusetzen. Ihre Neu-

tralität lockte Unsummen von Geld an, ungeklärter Herkunft und anonym, rechtmäßig und korrupt erworbenes, kaltes und heißes, sauberes und schmutziges. Vielleicht ein wenig verunsichert, behaupteten sie, Geld habe keine Persönlichkeit, wenn es erst mal in einem Tresorraum verschwinde. Es steht zu vermuten, daß die Bankiers sich anstecken lassen, und während das ruhende Geld sehr wohl seine Persönlichkeit behält, die Bankiers bei aller Entschlossenheit, lediglich als Hüter der Unbekannten zu fungieren, der ihrigen verlustig gehen.

Eigentlich hätte ich die Katastrophen voraussehen können, die eintreffen würden, sobald eine Gruppe Schweizer Anwälte eine sogenannte *Divorce à l'Aimable*, eine einverständliche Scheidung, vorschlug, wobei es sich lediglich um einen privaten Vertrag zwischen den beiden Parteien handelt, der den Richter der Notwendigkeit enthebt, einen Schuldigen zu bestimmen. Er braucht kaum mehr zu tun, als die Existenz einer solchen Übereinkunft festzustellen und nach einer Weile die Scheidung auszusprechen.

Im ersten Moment scheint es eine ideale Methode zu sein, zwei zivilisierten Menschen zu ermöglichen, ihrer eigenen Wege zu gehen.

Ich sollte für meine Freiheit eine halbe Million Dol-

lar zahlen und erhielt drei Jahre Zeit für diese Aufgabe, die ich bei dem damaligen Kurs von vier Franken zwanzig für den Dollar für unmöglich hielt. Meine Anwälte wiesen mich darauf hin, daß ich ein Stück Land besitze, das annähernd die erforderliche Summe einbringen würde, wenn ich es irgendeinem abgehalfterten exilierten Staatschef oder einem arabischen Ritter mit Auge für die unsichere Zukunft verkaufte. Somit würde sich die Scheidung finanziell kaum bemerkbar machen. Da die Kinder im Prinzip mir zugesprochen worden waren, ging es mir nicht nur um meine Freiheit, sondern auch um die Fortsetzung einer angenehmen und wichtigen Verantwortung. Ich unterschrieb die Vereinbarung. Es folgte ein neues Schweizer Gesetz, das vorübergehend den Verkauf von Land an Ausländer untersagte. Angesichts der Größe der Schweiz und des Ausmaßes ausländischer Investitionen konnte ich dieses Gesetz zwar sehr gut verstehen, hatte aber nicht damit gerechnet, eines seiner ersten Opfer zu werden. Auf einmal hatte ich hektarweise Land am Hals – das zeitweise als »Grünzone« oder Parkland ausgewiesen werden sollte – und einen riesigen Schuldenberg, der nicht abnahm.
Um die Lage noch unangenehmer zu machen, rutschte der Dollar von 4,20 auf 2,40. Meine Schul-

den näherten sich einer Million Dollar. (Deshalb habe) ich einen Werbespot für kalifornische Weine gedreht (…).

Ich hielt mich an Wein und eine Kameramarke, für die kein anderer als Lord Olivier bereits in Amerika geworben hatte, der sich allerdings zu Hause vor seinen Kollegen nicht als Handelsreisender präsentieren wollte, trat brav in die Fußstapfen des Meisters und unterdrückte, daß ich seine Skrupel durchaus nachvollziehen konnte.

Als nächstes lockte mich die Vereinigung Schweizer Käsehersteller mit einer beträchtlichen Summe, wenn ich als Bergsteiger verkleidet und mit dem Matterhorn im Hintergrund Emmentaler mampfte, was dreißig Sekunden lang auf dem Bildschirm in ganz Westeuropa zu sehen gewesen wäre. Ich lehnte ab, weil ich fand, meine Scheidung sei schon demütigend genug gewesen, obwohl ich privat durchaus gelegentlich etwas Emmentaler zu mir nehme. Als ich die Weinreklame machte, war mir nicht bekannt, daß sich mein Auftraggeber gerade mit einer Erntearbeitergewerkschaft stritt, die eifrig zum Boykott von Weintrauben und Salat aufrief, ein Luxus, den sich nur ein sehr reiches Land leisten kann, auch wenn europäische Winzer in letzter Zeit häufig Weintrauben auf Landstraßen gekippt haben, um auf ihre Sorgen aufmerksam zu machen. Dieser barocke Blödsinn führte dazu, daß bei einer unter meiner Mitwirkung stattfindenden Premiere in Newhaven, Connecticut, Demonstranten vor dem Theater aufmarschierten und mir vorwarfen, ich hätte mich für Streikbrechersalat und Piratentrauben eingesetzt, und das alles wegen der ehrlichen Einverständlichkeit eines Schweizer Gerichts.

Der Liebhaber wird einen Spatz als Reiher bezeichnen. Für die Ehefrau ist ein Reiher ein Spatz. Dagegen bleibt der Spatz für den Weisen ein Spatz – und im übrigen bleibt der Weise auch unverehelicht.

* * *

Je mehr meine Ehen den Bach hinuntergingen, desto idealistischer wurde meine Einstellung zu den grenzenlosen Möglichkeiten einfach ausgedrückter Liebe. Je verfahrener die Lage wurde, desto deutlicher sah ich vor mir, wie es eigentlich sein sollte. Und natürlich gibt einem nichts im Leben ein solches Verantwortungsgefühl wie Kinder; meine haben mir schon soviel Freude gemacht, daß ich sie unmöglich jemals zurückzahlen kann.

Ich bin so sehr gegen Enttäuschungen gewappnet,
daß ich niemals mehr alles dransetze.

* * *

Mein Privatleben war zwar weniger chaotisch als zuvor, aber genausowenig geregelt. Ich vermutete langsam, daß ich für die Ehe nicht geschaffen war, wußte aber, daß auch das Zölibat nicht das richtige war. Auch wollte ich nicht ausschließlich für meinen Beruf leben. Mit anderen Worten: viel Lärm um fast nichts. Wenn es einem gutgeht, werden einem solche Fehlentwicklungen seltsam genug bewußter als in Zeiten der Not. Man schaut sich um, entdeckt, daß das Leben immer angenehmer wird, und fragt sich: Wozu das Ganze? Wofür und für wen soll das gut sein? Bei schöpferischen Tätigkeiten ist Alleinsein unbedingt notwendig, aber Einsamkeit ist etwas ganz anderes, dann ist man nämlich nicht einsam, während man allein ist, sondern in der Öffentlichkeit, umgeben von Frohsinn und Vergnügen.

* * *

Mein Leben ist wie eine Forschungsreise durch die Welt der Frauen gewesen. Es war bequem, faszinierend und oft sehr schön, aber alles darin war zugänglich und daher vergänglich. Die einzige Erfahrung, die mir nicht zuteil wurde, war das Suchen nach dem Unerreichbaren. (…) Deshalb sehne ich mich danach, mich der selbstlosen und geduldigen Verfolgung einer einzigen Frau zu widmen, die mir stets entflieht und die ich, als Strafe, nie besitzen werde.

Die größte Liebe ist immer die, die unerfüllt bleibt –
der Traum.

* * *

Kunst der Verführung

Jetzt war er (Krumnagel) im Schlafanzug, einem witzigen Schlafanzug, den Edie ihm geschenkt hatte, mit Sträflingsstreifen und einer Zahl, und auf dem Rücken hatte er die Aufschrift *I'm wanted – in bed*. Sein Finger war dick verbunden, und umhergehend aß er sein drittes TV-Dinner, während er sich auf einem der sieben Kanäle eine Kurzfassung der Nachrichten ansah. (...)
Krumnagel machte es sich in seinem Schaukelstuhl bequem, und bereits ganz in dieser neuen Situation aufgehend, tastete er nach seiner Büchse Bier wie ein Blinder. (...) Es war gegen Ende des Films, als Edie in der Tür erschien. Die verschiedenen Drinks hatten sie nicht unberührt gelassen. Sie hatte sich jetzt ihr Haar zu einem wilden Busch gebürstet, etwas davon fiel ihr über die Augen. Sie trug ein schwarzes, durchsichtiges Negligé über einer langen, schwarzen, durchsichtigen Schlafanzughose, beides kulminierte in Fransen aus Kunststoffell an Hand- und Fußgelenken. Vage sichtbar durch die zwielichtige Transparenz schimmerte ein

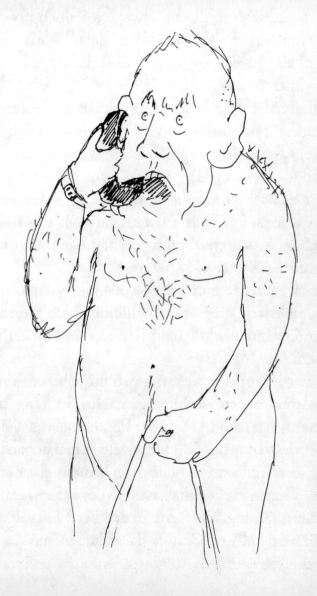

mit Glitzerzeug besetzter Büstenhalter, der ihre Brüste umschloß, die Brustwarzen jedoch possierlich freiließ. Sie rauchte eine Zigarre aus einer Elfenbeinspitze.
»Hey, Loverman«, sagte sie kehlig.
»Pst! Er hat gerade einen furchtbaren Fehler gemacht. Mein Gott!«
»Wer?«
»Lem Craddocks.«
»Wer ist das denn, zum Teufel?«
»Privatdetektiv. Er hat dem Chinesen einen Tip gegeben, ohne den Alten zu verständigen, verstehst du, und –« Er sah sie kurz an und pfiff.
»Will irgendwer hier Sex?« wollte sie wissen.
»Du siehst so gut aus, ich könnte dich fressen«, sagte er und blickte schon wieder auf den Bildschirm.
Sie war ihn und seine Art gewöhnt. Ehen mit drei Polizisten hatten sie kirre gemacht. Sie ging zum Plattenspieler und legte eine Platte auf. Leise Musik. Knutschmusik. Sie entzündete ein Räucherstäbchen, und ein Kringel intensiven Rauchs erhob sich in die Luft wie eine anämische Kobra. Sie dämpfte die Beleuchtung. Er starrte in den Fernseher, in der Hoffnung, daß es Craddocks gelingen würde, zu seiner Verhaftung zu kommen, bevor man von ihm

erwartete, seine Pflicht zu tun. Craddocks ließ sich Zeit. Er war unentschieden. Er blickte auf seine Uhr, und der Bildschirm wurde von Edies wogender, knochiger kleiner Brust ausgelöscht, und dann lagen ihre Lippen auf seinen, naß wie eine Straße in regnerischer Nacht, und in Erwartung der Ekstase waren ihre Augen geschlossen. Etwas Lippenstift klebte an einem der oberen Schneidezähne, und der Atem roch nach Alkohol.
»Komm schon, komm schon, komm schon«, zischte sie.
Es blieb ihm nichts übrig, als ihrer Forderung nachzukommen, obgleich Krumnagel nicht daran dachte, widerstandslos aufzugeben. Er attackierte die halbgeöffneten Lippen mit solcher Wucht, daß ihr Kopf in die Krippe seines Armes fiel und so den Blick auf den Bildschirm wieder freigab. Craddocks kletterte durch ein Dachfenster in ein Gebäude. Scheiße, er hatte einen wichtigen Augenblick verpaßt. Warum stieg er durch ein Dachfenster ein, wenn das Gebäude genug Türen hatte, die alle völlig in Ordnung waren? Oh, warte mal ..., könnte es sein, daß der Chinese ...? Ein onyxfarbener Schimmer erschien in dem Schlitz zwischen Edies Augenlidern. Schuldbewußt schloß er die Augen und ließ seine linke Hand zu einer freiliegenden Brustwarze wandern.

»All right, McMichael«, sagte Craddocks in hartem, aber gedämpftem Ton, »wenn Sie's so haben wollen.« Es gab Schlurfgeräusche, aber Krumnagel hatte nicht den Mut, ein Auge aufzumachen. Er wünschte, er hätte den Ton lauter drehen können.
»Aua!« schrie Edie beleidigt. »Was, zum Teufel, machst du denn da, um Gottes willen?«
»Was mache ich denn?« fragte Krumnagel echt überrascht.
»Drehst an meinem gottverdammten Nippel. Bist du verrückt geworden oder was?«
»Tut mir leid.«
Edie nahm seine Unterlippe zwischen ihre Zähne und biß zu.
»Scheiße!« schrie er, »das tut weh.«
»Komm schon, Knastmann, werd aktiv.«
Klatschend ließ er seine hohle Hand auf ihrer linken Hinterbacke landen. Scharf zog sie den Atem ein, grub ihre Nägel in seinen Skalp und zog sich an ihm hoch wie ein verzweifelter Bergsteiger.
Krumnagel konnte gewalttätig sein, aber sein Temperament glich weitaus mehr dem eines Hundes, den man bis zu einem äußersten Punkt reizen und piesacken konnte, wonach er abrupt alles, was er an Sinn für Humor besaß, verlor. Er hatte einen ziemlich dürftigen Begriff von den Möglichkeiten

menschlicher Begegnung, seien sie nun geistig oder körperlich. Er kannte eher die Tatsachen des Lebens. Sollte die Polizei je so etwas einführen wie einen Führerschein für Geschlechtsverkehr, so würde er die schriftliche Prüfung wohl bestehen können, wenn es jedoch zu den Bedürfnissen eines Mädchens mit einem Temperament von Edie käme, mit ihrer andauernden rastlosen Fickrigkeit, so wäre ihm das einfach zu blöd gewesen. Jetzt kratzte sie ihm mit ihren langen Fingernägeln seinen Rücken. Zweifellos meinte sie, dies sei der Gipfel der Sinnlichkeit, doch er konnte absolut nichts Sinnvolles dabei finden. Langsam fanden ihre Finger den Weg unter sein Hemd. Wie weiter? Sie irrten hinauf zu seinen Schultern, wo zwei Büschel gelben Haares wuchsen, und sie begann zuerst das eine und dann das andere dieser Büschel zu einer Spirale zu zwirbeln, und dann zog sie daran, glättete sie und wickelte sie sich dann um den Zeigefinger. Es wurde Zeit zum Gegenangriff. Plump versuchte er, ihren BH aufzuhaken. Sie biß ihn wieder, diesmal in die Backe.

»Hör auf, mich zu beißen, ja?« brüllte er.

Sie biß ihn in die Nasenspitze und versuchte, ihre Zunge in seine Nasenlöcher zu stoßen.

Er bäumte sich auf wie ein Pferd.

»Was würdest du sagen, wenn ich das bei dir mache, hä?« rief er und stülpte seinen Mund über ihre Nase. Sie krümmte sich weg.
»Magst du nicht, was?«
»Ich mag kein Bier!« schrie sie, und während sie ihren Mund um sein Ohr schloß, bohrte sich ihr Zeigefinger in seinen Nabel. Sie konzentrierte sich so stark auf ihre eigene Vorstellung vom Liebesspiel, und die verfolgte sie so diktatorisch, daß ein aktiver Partner bei diesen Freuden wirklich überflüssig war. Krumnagel fühlte sich lediglich schmerzhaft gereizt durch das scharfe Instrument, das in seinem Bauch herumbohrte, und gewaltsam zog er ihren Zeigefinger fort, wobei er durch eine Geste sogar androhte, ihr das verdammte Ding zu brechen. Sie zischte wieder und biß in sein Ohrläppchen. Er hatte die Nase voll. Er packte Edie mit grober Pranke. »Noch nicht, noch nicht«, flehte sie sehr weiblich auf einmal. Er war verwirrt; noch einmal tat er nichts, während sie ihre Knöchel in das Fleisch über seiner Hüfte bohrte und gleichzeitig die Unterseite ihrer Zunge sanft über sein Profil schob. Er brach in Gelächter aus.
»Lach nicht«, flehte sie.
»'s kitzelt«, erwiderte er in vernünftigerem Ton.
Ihre Hand wanderte leicht über seine untere Bauch-

decke, während ihre Zunge gegen den Strich über seine Augenbrauen lief. Die eine Empfindung war angenehm und vielversprechend, während die andere ihn bloß irritierte. Warum mußte sie immer zweierlei auf einmal machen?

Plötzlich merkte er, daß im Fernsehen ein Werbespot lief, ein Frauenchor mit eisigem Hall, der inmitten von Geplätscher, Tropfentönen und dem Knirschen und Knacken berstender Eisschollen die Vorzüge einer mentholisierten Zigarette anpries. Jetzt würde er nie wissen, welche Marke gemeint war. Scheiße.

Er erwachte gegen halb fünf morgens. Seine Schlafanzugjacke hatte er noch an, aber seine Hose hing ihm um die Fußgelenke, während Edie mit weit offenem Mund wie eine Ermordete über ihm lag. Seltsamerweise war sie bis zur Taille entkleidet, hatte aber noch ihre makabre schwarze neoviktorianische Hose an. Ein oder zwei Gläser standen herum, das graue Frühlicht versuchte in das Zimmer zu sickern, und auf dem Fernseher flackerte eine Abfolge von sich teilenden und wieder zusammenlaufenden Linien. Krumnagel kriegte nicht sehr deutlich zusammen, was vorgefallen war, aber seine hirnsprengenden Kopfschmerzen legten ihm den Gedanken nahe, daß doch etwas mehr getrunken worden war, wahrscheinlich nach einem allzulang hinausgezögerten Angriff auf seine Sinne. Das war ihnen oft so ergangen. Der Gedanke an Sex, der gewöhnlich Edie zuerst kam, war unweigerlich vom Alkohol inspiriert, der ironischerweise ausgerechnet von *der* Kraft einen verfrühten Tribut forderte, die er so zwingend mobilisiert hatte. Die Nacht schleppte sich dahin in einer Reihe geräuschvoller, kurzer Schlafphasen, die von Momenten betäubter Sexualität durchsetzt waren, in denen die ganze drangvolle Leidenschaftlichkeit eines Unterwasserballetts zum Ausdruck kam. Das Morgengrauen war der Gong, der sie rettete. Krumnagel zwinkerte und versuchte, sich unter Edie wegzuschieben, die sich im Schlaf umdrehte und sich an ihn klammerte, als wäre er eine Rettungsboje. Sie murmelte etwas, einen langen und komplizierten Satz, der in einer Obszönität gipfelte.

»Wie bitte?« fragte Krumnagel in der Hoffnung, sie zu wecken.

Sie machte es sich bequem und öffnete halb die Lippen, als versuchte sie zu beißen. Er wich zurück vor ihren hungrigen Zähnen und entwand sich vorsichtig ihren Armen. Er stand auf, wankte durch das Zimmer.

»Wo gehst du hin, Loverman?«

»Nur mal pissen.«
»Du bist so ziemlich der gottverdammt romantischste Kerl der Welt.« Sie war hellwach und stocksauer.
»Was hab' ich denn gesagt?«
»Nun hau schon ab und komm so schnell nicht wieder.«
Sie warf ihm ein Kissen nach.
Er kam zurück, als wollte er sie zudecken, änderte sein Vorhaben aber, drehte den Fernseher auf einen anderen Kanal, wo eine All-Night-Show lief, in der eine TV-Persönlichkeit die ganze Nacht mit einem übermüdeten Schimpansen brabbelte und die Produkte von Produzenten zu verkaufen suchte, die sich die guten Sendezeiten nicht leisten konnten.
»Mach's aus«, murmelte sie.
Er machte es nicht aus und ging ins Badezimmer.
Drei Stunden später saßen sie beim Kaffee, den er schweigend gekocht hatte.
»Was ist los, Schatz?« fragte er.
Sie fing an zu weinen. Er goß ein wenig Milch in seinen Kaffee.

* * *

Ist Ihnen nie aufgefallen, daß im Leben Haß ein ebenso enges Band ist wie Liebe? Die schmerzliche Erregung, mit der man eine verhaßte Schule verläßt, oder eine Geliebte, die anfängt, einen zu langweilen?
– Lieber Gott, ich langweile sie immer zuerst.
– Das muß ich mir merken. Das ist eine ganz zauberhafte Bemerkung.

* * *

Als er die Augen schloß, wußte er, daß die schönste Frau der Welt die seine geworden war und er zum begehrenswertesten aller Männer. Die Illusion der Vollkommenheit hat viele Ebenen, und da sie eine Illusion ist, gehorcht sie dem Geist.

Al's Bettgeflüster

»Ich sage dir was, Edie, wie wär's, wenn wir heute abend zusammen essen gingen? Ich hol' dich früh ab, sagen wir, so um halb sieben, Liebes, dann können wir zum Silver Spur hinausfahren oder irgendwo anders hin hinter die Staatsgrenze«, sagte er leise.
»Willst du deine Beförderung nicht mit Evelyn feiern?«
»Evelyn und ich – wir haben uns auseinandergelebt. Wie gesagt, du denkst, du hast Sorgen – ich –, natürlich, meine Sorgen sind anders als deine, aber da ich nichts Besseres habe …«
Pünktlich um halb sieben hielt das große grün- und malvenfarbene Oldsmobile vor Edies Haus, und Al, in einem Sommeranzug in der Farbe von Fischschuppen und mit Krokodillederknöpfen, stieg aus. Was er vorfand, war ganz und gar nicht die schwarze Witwe des frühen Nachmittags, sondern ein sorgfältig zurechtgemachtes, berechnendes kleines Weibchen, das sein Geschlecht zur Schau trug, ganz in Flaum, und sich herausfordernd in den Hüften

wiegte. Sie fuhren los zum Silver Spur, einem Lokal, das zu achtzig Prozent Nepp und zu zwanzig Prozent Gastronomie war, das nach einem echten Stück Amerika aussehen sollte, mit Kellnern, die als Buffalo Bill verkleidet waren, und Hostessen, so hart wie Hufeisennägel. Sie nahmen ihre Plätze ein und studierten Speisekarten in der Größe der New York Times, die nur sehr wenige Gerichte in riesigen Großbuchstaben enthielten. Entzückt wurden Cocktails genommen, wobei Al ein wenig angab, indem er die Trockenheit und Mischung spezifizierte und festlegte, wie er alles serviert haben wollte, während Edie das fordernde Männchen mit widerwilligem Staunen bewunderte.

Sobald sie an ihrem Tisch saßen, halb verloren in suggestiver Schummrigkeit, mit schwach flackernder Kohlenpfanne als einziger direkter Lichtquelle, und bei leiser Musik, die sie mit ihrem sinfonischen Sirup berieselte, wurde Edie ernst im Gespräch, da sie zum erstenmal seit Wochen die Nähe eines lebendigen, zugänglichen, offenen und denkbar attraktiven Männchens spürte.

»Was ist zwischen dir und Evelyn vorgefallen?« fragte Edie, »es hieß immer, es klappt so phantastisch zwischen euch.«

»Was soll schon zwischen Männern und Frauen

vorfallen?« sagte Al, und wenig überzeugend Tiefsinn mimend, runzelte er seine Brauen, die sich allzu schnell zu einem allzu glatten Lächeln aufheiterten. »Eines Tages gibt es nichts Geheimnisvolles mehr – eines Tages sind alle Fragen beantwortet, und es bleibt dann nichts mehr übrig, denke ich.«
»War es deine Schuld?«
»Ja … und nein.«
»Also, was nun?«
»Ja, ich kann's nicht ändern, Edie. Ich bin nun mal stark sexuell veranlagt. Eine Menge Männer beneiden mich darum, aber ich kann dir sagen, es ist nicht immer ein reines Vergnügen. Ich brauche ein Mädchen nur anzusehen, und schon kriege ich einen Steifen – meistens braucht sie noch nicht mal gut auszusehen –, einfach jedes Mädchen. Ich hoffe, es stört dich nicht, wenn ich so rede?«
»Wieso? Es ist doch ganz natürlich«, log Edie, gegen die Röte ankämpfend, die ihr bis unter die Haarwurzeln gestiegen war.
»Mein Gott, hätte doch Evelyn nur einmal gesagt, daß es natürlich ist, vielleicht wären wir jetzt noch zusammen. Aber sie war anders, eifersüchtig wie eine Tigerin, und dabei hatte sie weniger und weniger zu bieten. Hat mir erzählt, ich würde sie kaputtmachen, ordinär reden, immer nur an eines denken,

und ihre geistigen Qualitäten würde ich ignorieren, aber verdammt noch mal ... hab' ich ihr gesagt, wenn ich geistige Qualitäten will, gehe ich in die Kirche.«

»Vielleicht hast du ihr angst gemacht«, sagte Edie, mit der Gabel spielend und die ganze Besorgnis zeigend, die eine Frau für die mißliche Lage einer anderen aufbringt, wenn sie fühlt, daß die Situation mit Sicherheit hoffnungslos ist.

»Nach sieben Jahren soll ich ihr plötzlich angst gemacht haben?«

»Frauen verändern sich. Sie verändern sich mehr als Männer.« Sie seufzte. »Sie werden früher alt.«

Al schwenkte herum wie ein Vogel in Flug.

»Warum wirst du denn nicht älter?«

Edie biß sich auf die Lippe und versuchte, nicht zu lächeln oder zu weinen.

»Ich? Was meine beste Zeit hätte sein sollen, liegt hinter mir. Vier Polizisten. Verstehst du, was das bedeutet?«

»Niemand versteht das besser als ich. Du bist eine Art Maskottchen für die Truppe, weißt du das? Aber für mich ... Na, für mich bist du halt mehr ... schon immer ..., du bist eine Frau aus Fleisch und Blut ... mit einem Herzen und ... einem Körper ... mit Bedürfnissen und Wünschen und weiß der

Himmel ... Du warst immer zu schade für diesen großen ungehobelten Klotz ...«
»Sprich nicht schlecht von denen, die sich nicht verteidigen können, weil sie nicht da sind«, japste Edie und schluckte, um ihre Kehle zu befeuchten.
Al spielte seinen Trumpf aus.
»Soll ich dich zum Jubeln bringen?« murmelte er.
»Zum Jubeln?« echote sie und blickte ihn voll an, vom Mund bis zu den Augen, erst in das eine, dann in das andere, dann mit kleinem Schielen in beide, dann wieder lange auf seinen Mund.
»Komm, wir fahren nach Hause.«
Ihre Münder kamen sich näher, und es lag an ihm, daß sie sich nicht trafen.
»Was ist denn?« fragte sie mit unschuldiger Achtung vor den Reklamesprüchen. »Habe ich Mundgeruch?«
»Nicht hier«, sagte er.
Bei noch mehr süßer Musik vom Kassettenrecorder fuhren sie zurück, und Edie fühlte sich auf subtile Weise begehrt. Ab und zu warf sie einen verstohlenen Blick auf das eisige Profil mit den hellblauen Augen, die auf die Straße starrten, und auf all die attraktiven Linien um den sinnlichen Mund, und sie dachte, wie sie beneidet werden würde, wenn ihr wilder Traum in Erfüllung ginge, und wie andere

Frauen sich den Kopf darüber zerbrechen würden, was wohl Besonderes an ihr sei, um so etwas möglich zu machen.
Der Wagen hielt vor ihrer Wohnung. Merkwürdig, er sprang nicht heraus, um ihr die Tür zu öffnen. Einen Moment wartete sie, dann stieg sie aus, ziemlich verärgert, doch gleichzeitig wurde ihr klar, welche Närrin sie gewesen war, sich solchen Phantasien hinzugeben, aber was blieb einem schon, wenn das Alter auf einen zukroch?
Phantasien.
»Kommst du nicht noch für einen Whisky mit rauf?« (…)
»Aber sicher doch«, erwiderte er. »Ich parke nur noch den Wagen. (…) Geh schon.«
Edie gehorchte, und sobald sie die Haustür geschlossen hatte, dachte sie ziemlich abgebrüht an die Dummheit, die sie beging, diesen notorischen Liebhaber mit in ihre Wohnung zu nehmen, diesen Mann mit seinem schimmernden Abzeichen, dem dicken Pistolenhalfter und seinem Extrachromosom. Sie stellte Stimmungsmusik an, dämpfte das Licht und entzündete ein Räucherstäbchen. Dann lehnte sie die Wohnungstür an und ging in ihr Zimmer.
Zu ihrem Schrecken hörte sie plötzlich den Fernseher die Stimmungsmusik übertönen.

»Gieß dir selber was ein!« rief sie.
Das tat er, ohne etwas zu erwidern, und ließ sich dann in Krumnagels Sessel nieder, um sich einen Film über Charlie Chan in Hawaii anzusehen. Als er gerade anfing, hinter das Geheimnis zu kommen, machte Edie in ihren durchsichtigen Schleiern mit entblößten Brustwarzen und der Mata-Hari-Zigarettenspitze ihren Auftritt und sagte:
»Will irgendwer hier Sex?«
Al brüllte vor Lachen.
»Was ist denn dabei so komisch?« fragte sie ärgerlich.
»Das ist ungefähr der größte Auftritt, den ich je gesehen habe.«
»*Wow!* ...« Dann fiel sein Blick auf die Brustwarzen, und bedeutungsvoll drückte er seine Zigarette aus, sie noch in den Aschenbecher stupsend, als sie schon eine Weile erloschen war, und Charlie Chan und Konfuzius gehörten der Vergangenheit an.
»Hey, das ist aber wirklich ein Gewand, weißt du das?« sagte er heiser. »Hab' ich in so 'nem Laden für Neuigkeiten gesehen. Dreh dich mal um. Hast du auch einen nackten Arsch?«
»Eins nach dem anderen«, sagte sie, verrucht sich ihm nähernd, und dann blies sie ihm einen schweren Schwall Rauch ins Gesicht.

Al hustete und wedelte irritiert den Rauch fort. Die Art, wie sie die Sache anfing, war ihm viel zu subtil, und seine Sinne mit aufreizenden Äußerlichkeiten anzustacheln, war gar nicht nötig. Er packte Edie und versuchte sie herumzudrehen, um seine Neugier zu befriedigen. Sie wehrte sich, aber vergebens. Einen Moment streichelte er ihren Körper, dann erhob er sich wankend und zwang ihr einen so unersättlichen, gierigen Kuß auf, als wollte er ein Stück aus ihr herausbeißen. Sie drohte, die Balance zu verlieren, aber er hielt sie fest. Sobald der Kuß vorbei war, blickte er sie an, und knotig standen die Venen an seinen Schläfen heraus wie Bergketten in einer Luftaufnahme. Ihr Busen bebte, und auf ihrem Gesicht lag ein Ausdruck, den man als Zorn hätte deuten können, der aber ebensogut das äußere Zeichen für ein erhitztes Geschlecht und leuchtend aufgeplusterte Federn sein konnte.
»Du und ich, wir gehen jetzt noch eine Tür weiter«, zischte er.
»Wie, noch eine Tür weiter?« keuchte sie.
»Du bist 'ne Tür weiter«, verriet er ihr, »oder wirst es jedenfalls in sechzig Sekunden sein, wenn du weißt, was dir guttut. Geh in dein Zimmer – und nackt will ich dich haben wie am Tag deiner Geburt. Keinen Fetzen Stoff will ich auf deiner Haut.« (…)

Gehorsam hatte sie seine Anweisungen befolgt und lag in ganzer Nacktheit auf dem Bett. Ihre Augen waren geschlossen, und vielleicht stellte sie sich vor, sie sei die Dorfjungfrau auf dem Steinaltar, die irgendeinem Sonnengott geopfert werden sollte. Zufrieden blickte er auf sie hinunter, schob den Revolver in der Unterhose unters Bett, zog seine Armbanduhr ab, vergewisserte sich, daß sie ging, und legte sie so auf den Nachttisch, daß er das Zifferblatt vom Bett aus sehen konnte. Dann machte er die Lampen aus, ging zum Fenster hinüber und äugte durch die Schlitze der Jalousie. Die Straße war leer. Edie hörte seine Bewegungen mit wachsender Erregung. Der Sonnengott nahm sich wirklich Zeit, und die süße Marter der Ungewißheit war das Berauschendste, das sie seit Jahren erlebt hatte. In der Dunkelheit wuchs seine Gestalt ins Ungeheuerliche, begann turmhohe Dimensionen anzunehmen, er wurde zu einer Kreatur mit saugenden Augen und dem unbeseelten pelzigen Gesicht des typischen Hollywood-Superaffen, der das winzige zappelnde Weibchen in seinem Klammergriff mit einer Mischung aus Mitleid, Neugier und Begehren anstarrt. Bevor sie dazu kam, ihren Traum auszufeilen, wurde sie von der Realität überfallen und fühlte sich auf einen Pfeil gespießt, der in seiner Ziel-

scheibe zitterte. Dramatisch dreschflegelten ihre Beine und kämpften aus einem Sinn für Form gegen die Scheu vor diesem späten Erwachen. Es gab kein Entrinnen. Wie sie sich auch drehte und wand, ein hartknochiger, hagerer und strenger Mann hatte sie festgenagelt. Ihr Paarungslied begann, eine Reihe von »Ahs«, bis sie auf irgendein geheimes Zeichen der Natur in eine Reihe von »Ooooos« ausbrach, die dann zu Halb- und Vierteltönen erblühten, einer ganzen tonalen Odyssee von ungelösten Akkorden, die abrupt kulminierten, als Al plötzlich heftig und durchaus nicht zärtlich sagte: »Hör auf, mich zu kneifen, ja?«
Offensichtlich hörte sie momentan auf, ihn zu kneifen, denn der Tanz ging weiter, und ihr Keuchen wurde stärker und stärker, bis es in einem Bersten zu gipfeln drohte, als Al ihr ohne Warnung erst auf die eine Gesichtshälfte eine scheuerte und ihr dann mit dem Handrücken auf die andere Seite noch eine verpaßte.
»Mach das ja nicht noch mal!« schrie er sie an.
»Was hab' ich denn getan?« schluchzte sie.
»Du hast mich ins Ohr gebissen, verdammt noch mal ..., es blutet. Mach das noch mal, und ich zieh dir das Fell vom Arsch, daß du einen Monat nicht mehr sitzen kannst.«

»Verzeih mir, verzeih mir, verzeih mir...«, intonierte sie und flehte, mit dem Ritus fortzufahren.

Vielleicht hatte er das Gefühl, in seiner Wut ein wenig zu weit gegangen zu sein, denn er machte sich daran, ihre chaotische Schlachtreihe von Emotionen etwas auf Vordermann zu bringen, das heillose Durcheinander zu etwas Sinnvollem zu ordnen. Das ist schließlich das, was die großen eiskalten Liebhaber tun, diejenigen, deren Organe wie Schäferhunde auf den kleinsten Pfiff trainiert sind. Er begann in ihr Ohr zu murmeln, und sie fühlte, wie sie zum erstenmal die Geheimnisse des Geschlechtsverkehrs erfuhr, obgleich nach dem Ton seiner Stimme zu schließen, ein Passant vermutet haben könnte, daß er half, ein Auto in eine enge Parklücke einzuweisen: »Komm... komm... so... noch ein bißchen, ja... nicht so schnell«, mahnte er. »Jetzt langsam... gut so... sachte... bleib so... brav gemacht, Mädchen... Du bist wirklich ganz große Klasse.« Edie stieß kleine Laute der Dankbarkeit aus.

»So, jetzt bleib schön auf Kurs..., jetzt spurst du, ganz locker, nichts erzwingen wollen... einfach laufen lassen... langsam, paß auf... ruhig, sonst kommst du nicht auf deine Kosten..., so ist schon besser..., hörst du die Trommeln im Dschungel?... okay, okay... na bitte?« Ein drängender Ton kam in

seine Stimme. »Geh runter vom Gas, geh weg ... na, jetzt tritt drauf ... hol raus, was du kannst!«
Edie trompetete ihren Triumph, und ihr Kopf sank zur Seite, rotfleckig und nach Luft schnappend. Al versuchte, sich von ihr zu erheben, aber sie hielt ihn fest, als fürchtete sie, diesen neugefundenen Schatz zu verlieren.
»Laß mich los«, sagte er.
»Nein«, flüsterte sie, »ich laß dich nie mehr gehen.«
»Hast du vergessen, was ich dir gesagt habe?«
»Ist mir egal, du kannst mich grün und blau schlagen, ich geh' dir nicht mehr von der Pelle, nie mehr.«
Al lächelte und küßte sie. Sie schloß ihre Lippen voll um seinen Mund und begann zu saugen, aber für solche Sachen war es jetzt zu spät, Al mochte ein großer Liebhaber sein, aber wenn er funktioniert hatte, hatte er funktioniert. Es war typisch für Weiber, daß sie, sobald sie einen Orgasmus gehabt hatten, glaubten, so tun zu müssen, als käme das beste noch nach. Er machte sich von ihr los und ging wieder aufs Klo. Als er zurückkam, war Edie bereits in einen Schlaf gesunken, dessen Ruhe vom Nachempfinden ihrer Entzückung durchsetzt war. Im Dämmerlicht sah Al, wie sie das für ihn bestimmte Kissen umarmte, wie sie ihre Finger tief hineinbohrte, es sich auf die Brust zog, darunter hin- und

herrollte und schließlich die Zähne in die Fülle der Federn grub.

»Heiliger Strohsack«, sagte er laut, da ihm nichts Besseres einfiel. Er hatte keinen Zweifel, wer das Kissen sein sollte, und er merkte, wie Ärger in ihm aufstieg, als sei er das Kissen, als würde irgendein Teil seiner Selbst belästigt. Roh riß er ihr das Kissen weg. Sie wachte halb auf.

»Bist du's, Liebster?« schnurrte sie.

»Na sicher bin ich's. Der Liebste will sein verdammtes Kissen.«

»Nimm dir's, Liebster, nimm dir alles, was du willst.« Und sie klammerte sich an ihn, als wären sie schiffbrüchig, als würden sie von lauen Wellen sinnlich umleckt. Er mußte lächeln. Die Nähe einer Frau war ihm eine solche Wonne, daß er nie genug auf einmal davon kriegen konnte. Die Wärme, den Duft liebte er wie ein Geiger seine Geige. Sie schlief, wodurch sie fast vollkommen wurde. Er schloß die von Befriedigung schweren Lider, machte noch im Geiste einen Kreidestrich für einen Abschuß an den Rumpf seines imaginären Jagdflugzeugs und sackte dann in die unendliche Wiege postorgasmischen Friedens.

* * *

Weiß verlangt nach Schwarz, wie eine Frau nach einem Spiegel verlangt.

* * *

(Monsieur) Plageot war unverheiratet, aber er hatte eine Geliebte, die ebensogut seine Frau hätte sein können, denn er war ihr nicht völlig treu. Dies war zufällig ihr Geburtstag. Er rief sie an. »Annik«, sagte er mit seiner autoritärsten Stimme, »ich verspäte mich eine Dreiviertelstunde. Was höre ich? Du bist fertig angezogen zum Ausgehen? Um so besser, dann wirst du mich nicht warten lassen, wenn ich komme.«

* * *

Beim Aperitif unterhalten sie sich über Golf. Bei den Vorspeisen erörtern sie die Börsenkurse. Beim Braten sprechen sie von Frauen. Beim Käse lästern sie über gemeinsame Bekannte. Beim Cognac erzählen sie sich unanständige Witze. Erst dann, wenn der eine aufsteht, um zu einer anderen Verabredung zu gehen, hecken sie mit wenigen Worten einen teuflisch raffinierten Plan aus, und damit ist das Schicksal ihres abwesenden Konkurrenten unauffällig, aber wirksam besiegelt.

Auch die Einsamkeit hat ihre ausgesprochen angenehmen Seiten, die einem aber rückblickend nicht so angenehm vorkommen. Sie wirken nur noch egoistisch und sinnlos. Es sind vergängliche, häufig destruktive Vergnügungen. Ähnlich wie ich von einem Auto zum nächsten flatterte, flatterte ich von einer Affäre zur nächsten. Das soll nicht heißen, daß ich mit Bedacht dem Wechsel frönte, sondern daß ich ständig auf der Suche nach Erfüllung in der Ehe war, und zwar mit einer gewissen Verzweiflung.

Den richtigen Partner fürs Leben findet man nur aus Versehen, und wenn er einem zu früh begegnet, dann lernt man nie wieder was dazu.

* * *

Also, ich habe viele Fehler gemacht und habe mir viele Fehleinschätzungen geleistet, manchmal bei dem krampfhaften Versuch, das zu tun, was ich für richtig hielt. Und auf einmal, als die Bürde meiner gesammelten Dummheiten gerade zu schwer zu werden drohte, traf ich meine Tennispartnerin wieder, die mich vor vielen Jahren vom Spiel abgelenkt hatte. Mittlerweile hatten wir beide allerhand mitgemacht und waren in der Zwischenzeit nicht übermäßig glücklich gewesen. Nach und nach reifte meine Freundschaft mit Hélène du Lau d'Allemans bis zu dem Punkt, wo wir unzertrennlich wurden. Mit der Zeit hat unsere gegenseitige Anziehung zugenommen, und dieser verlängerte Frühling kam für uns beide überraschend. Heute wüßte ich nicht, was ich ohne sie machen sollte.

Als junger Mensch konnte ich noch Liebeskummer haben. Ich brach aus Gründen in Tränen aus, die im nachhinein albern erscheinen, was sie aber damals keineswegs waren. Aus diesem Grund versuche ich, junge Menschen nie herablassend zu behandeln.
Vielleicht habe ich im Laufe der Zeit an Erfahrung gewonnen, doch die hatte ihren Preis. Wie es ist, jung zu sein, habe ich fast vergessen. Ich erinnere mich allerdings, daß es so schwierig ist, daß es Respekt verdient. Ich liebte meine Frauen so komplett, wie es mir möglich war, doch jetzt bin ich älter, und meine Liebe zu meiner dritten Frau Hélène scheint gereift zu sein wie Wein.
Hast du vielleicht ein Beispiel für deine reife Liebe parat?
Wenn du beispielsweise mitten in der Nacht aufwachst und, während sich deine Augen an die Dunkelheit gewöhnen, langsam die Gesichtszüge deiner Liebsten ausmachst, von der gleichen Konzentration in Falten gelegt, die Babys dem Schlaf widmen, und du dich dabei ertappst, wie du bei diesem Anblick mit ungewohnter Wärme lächelst, kannst du ziemlich sicher sein, daß du die Frau betrachtest, die

du liebst. (…) Hélène ist eine harmonische Kombination zauberhafter Unvollkommenheiten, und etwas Schmeichelhafteres könnte ich über niemanden sagen. Ich kann nur hoffen, daß sie meine Unvollkommenheiten genauso zauberhaft findet. Geben fällt so leicht, wenn jemand bereit ist, zu nehmen; Nehmen fällt so leicht, wenn jemand da ist, der so viel zu geben hat. Sie hat mich annähernd zu dem Mann gemacht, der ich einmal gern geworden wäre, heimlich, still und leise. An einem Wendepunkt auf der aufreibenden, erschreckenden und phantastischen Reise zur Entdeckung unseres Selbst, das wir Leben nennen, kam sie, um mich zu retten. Dafür bin ich ihr ewig dankbar.

※ ※ ※

Der Glückliche ist großzügig. Er möchte andere teilhaben lassen an seinem Geheimnis.

* * *

Der Wunsch, zu vergeben und selbst Vergebung zu erlangen, ist integraler Bestandteil der Liebe; er ist wie die unzähligen Steine, mit deren Hilfe Menschen Gewässer aufwühlen, die aus Gewohnheit zum Stillstand gekommen sind.

Kiew, jene andere und noch ältere Stadt, ist am schönsten im Frühling. Die Natur scheint überall an den Straßen und Boulevards Knospen zu treiben, zitternde Blätter werfen Schatten auf die Gehwege, eine leichte Brise weht Blütenblätter hierhin und dorthin. Es herrscht ein allgemeines Glücksgefühl, die Gesichter strahlen im hellen Sonnenlicht, und die Schritte sind leichter geworden in einer freudigen Erregung, wie sie schönes Wetter nach trüben Tagen mit sich bringt. Die Landschaft ist gleichzeitig majestätisch und intim; Hecken, schattige Wege, Pfützen, um die herum fette Gänse ziehen wie kleine Spielzeugdampfmaschinen, endloses Grunzen der Schweine und ihrer Ferkel, sauberes Leinen, sommersprossige Gesichter und lose Strähnen goldenen Haares, die die Sonnenstrahlen einfangen. Es ist dieser maßvolle Reichtum der Natur, der die Tragödie von Tschernobyl so bitter macht. Vergiftete Enten, meilenweit Obstgärten, in denen ungenießbare Früchte verrotten. Leere Häuser mit Türen, die in den Angeln quietschen. Ungegessene Mahlzeiten auf den Tischen. Die verseuchte Erde. Die Gelassenheit des Himmels und das Grün des Grases verspotten die unheilvolle Torheit des Menschen. Der Frühling hielt sich an die Verabredung, wie üblich. Nicht aber der Mensch. Am Palmsonntag (oder Schilfsonntag, wie ihn die Russen nennen) warteten wir vor der Kathedrale von Kiew auf die Ankunft des Erzbischofs. Es war ein wunderschöner Tag, und plötzlich lächelten meine Frau und ich uns mit dem Gefühl reinster Liebe an. Das war so einer von diesen ganz besonderen Augenblicken. Da trat eine alte Dame aus der Menge hervor und sagte zu meiner Frau: »Hier lächelt man nicht.«

Am Ende liegt allen Traditionen eine allgemeine Menschlichkeit zugrunde, und ein Lächeln liegt niemals tief unter der glitzernden Oberfläche.

* * *

Das allgemeine Maß an Aufrichtigkeit ist mir schon immer extrem hoch vorgekommen – und so auch der Grad der Uneigennützigkeit. In Leningrad suchte ich einmal verzweifelt nach einer im Westen produzierten Rasierseife, die es weder im Hotelladen noch in der Parfümerie auf den Newski Prospekt gab. Ich bat den Portier, mir ein Taxi zu rufen. Sein Gesicht nahm einen geheimnisvollen Ausdruck an, dann sprach er mit einen Freund. Der Freund gab uns ein Zeichen, ihm zu folgen. Er führte uns nicht etwa zu einem Taxi, sondern zu einem Bus mit etwa fünfzig Sitzen. »Einsteigen«, befahl er. Meine Frau und ich fragten: »In den Bus hier?«
»Ich hätte eigentlich eine Gruppe von Ungarn, aber bei denen ist es gestern spät geworden.«
Wir fuhren zu einem riesigen Hotel in den Außenbezirken der Stadt an der Ostsee. Dort hatte man die Rasierseife auch nicht. Es war schon lustig, durch das Fenster des Supermarktes im ersten Stock auf den riesigen roten Bus hinunterzusehen, der nur auf uns zwei wartete.
»Nun?« fragte der Fahrer.
»Kein Glück.«

»Ich hab' eine Idee.«
Er fuhr uns zum Hotel »Leningrad«, das wiederum etwa zwanzig Minuten entfernt lag.
»Was ist mit den Ungarn?« wollte ich unterwegs wissen. Er machte eine Geste, als schnitte er eine Kehle durch. Ich sagte: »Vergessen Sie die Rasierseife. Ich kann mir immer welche borgen.«
Keine Antwort. Er fuhr einfach weiter.
Im »Leningrad« fand ich dann, was ich suchte.
Er lächelte befriedigt und fuhr zu unserem Ausgangspunkt zurück, als habe sich der Bus in einen Ferrari verwandelt.
Als wir ankamen, standen keine Ungarn da und warteten. Er atmete erleichtert auf, aber die Erleichterung verkehrte sich in Verdruß, als ich ihm als Entschädigung für seine Mühen anbot, was ein Taxi gekostet haben würde.
»Ich habe Sie doch nicht wegen des Geldes gefahren«, sagte er, »sondern damit Sie Ihre Rasierseife bekommen.«

* * *

Ich werde oft gefragt, ob ich »englisch fühle«. Ich fürchte, ich würde das Gefühl nicht erkennen, selbst wenn ich davon überwältigt würde. Dennoch, England ist meinem Herzen sehr nahe. Ich bin mehr als bereit, seinetwegen patriotisch zu sein, solange es nicht eine andere Nation oder ein anderes Volk erniedrigt oder herabwürdigt.

Alle Nationen haben ihre geistigen Altarbilder. Sie sind die tief verwurzelten Ursachen menschlicher Konflikte und unnötiger Kriegslust. Eine Rückkehr zu viktorianischen Werten führt direkt zurück zu Cecil Rhodes und der Lotterie der illusorischen Preise. Ich persönlich wünsche mir kein Stück von solchen Werten.

Aber man zeige mir eine toskanische Landschaft, eine englische Dorfwiese oder einen russischen Wald; man spiele mir eine Kantate Bachs, eine Oper Mozarts oder ein Stück New-Orleans-Jazz vor; man lasse mich ein Bild von Goya oder Velazquez sehen, eine Skizze von Leonardo da Vinci, einen Holzschnitt von Hiroschige.

Man öffne mir die Augen für das weite Panorama menschlichen Strebens, und man findet keinen größeren Patrioten als mich.

Auf wessen Seite ich denn bin? Auf der Seite des guten Willens.

* * *

Ich kann knallhart sein, besonders denen gegenüber, die ich liebe. Ich liebe die Franzosen. Ich habe lange Zeit unter ihnen gelebt. Meiner Meinung nach bewundert man Menschen, kollektiv oder einzeln, wegen ihrer guten Eigenschaften, aber man liebt sie wegen ihrer Fehler, wenn diese Liebe echt ist.

Wenn ein russischer Schriftsteller stirbt, wird sein Haus oder sein Arbeitszimmer sofort zu einem Heiligtum. Alte Damen, die so unerbittlich sind wie Kriegsbeile, kümmern sich um den heiligen Ort. Aus wackeligen Korbstühlen mit durchgesessenen Sitzen beäugen diese vestalischen Jungfrauen den Besucher mit unverwandtem Blick. Passen Sie doch auf, die Glasvitrine ist wirklich nicht dazu da, daß sich Müßiggänger drauf stützen! Nun hauchen Sie doch nicht das Bild an, die Feuchtigkeit macht die Vergoldung des Rahmens ja ganz stumpf! Diese Damen sind der Inbegriff der Wachsamkeit. (…)
(Ja), diese Damen sind unerschrocken und nicht unterzukriegen. Ich denke manchmal, daß der russische Sieg über Hitler zu einem Teil diesem beeindruckenden Frauenregiment zuzuschreiben ist.
Die Strenge ist jedoch nur eine Maske, die sich Hochachtung und Liebe angelegt haben. Als wir Dostojewskis Arbeitszimmer besichtigten, bemerkte ich, daß man auf seinem Schreibtisch sogar einen kleinen Zettel da liegengelassen hatte, wo seine Tochter ihn hinterlegt hatte. Auf ihm war zu lesen: »Papa, ich liebe Dich, Ljuba.« Die Uhr auf dem

Kaminsims war in der Minute des Todes angehalten worden. Man hatte nichts verändert. Als wir eintraten, sagte ich zu den alten Damen: »Kommen Sie doch bitte nicht herein, solange wir bei der Arbeit sind, das lenkt nur ab, und dann müssen wir noch einmal von vorne beginnen.« Als ich gerade erst halb durch meinen Text durch war, wurde die knarrende Tür ganz langsam geöffnet, und herein kam eine der alten Damen mit einem Glas Tee – das war aber nicht für mich, sondern für Dostojewski. Sie setzte das Glas mit dem heißen, dampfenden Getränk auf den Schreibtisch und nahm das Glas vom gestrigen Tag wieder mit, in dem der Tee kalt geworden und mit einer feinen Staubschicht bedeckt war. Ihr Betragen war so diskret, gleichzeitig aber auch herausfordernd, und als sie wieder hinausging, meinte ich, auf ihrem Gesicht einen Ausdruck des reinen Triumphes entdecken zu können.

* * *

Nicht die Liebe bringt die Welt weiter, sondern der Zweifel. Er ist der Preis der Freiheit. Wenn du den Zweifel gegen dich hast, ist das Leben eine einzige Verwirrung – hast du ihn auf deiner Seite, dann ist es ein Abenteuer.

Es ist irgendwie beunruhigend festzustellen, wie schwierig es für menschliche Gesellschaften war, über die großen Zeiträume der Geschichte ohne Feinde zu leben. Wie der Meister im Sport einen Gegner braucht, um das Beste aus sich herauszuholen, so verlangten die Nationen endlose Prüfungen der Stärke und Bestätigungen der Männlichkeit.

Ehrfurcht, Liebe, inniges Gefühl – gehören sie nicht zu den edleren Eigenschaften der Menschheit? Ich habe erfahren, daß die Russen ihrem Land und ihrer Vergangenheit ganz besonders innige Gefühle entgegenbringen.

Ein Freund von mir in Paris – Fotograf russischer Herkunft und Sohn eines Bassisten, der sich auf dem Gebiet des sakralen Gesanges einen Namen gemacht hat – faßte eines Tages den Entschluß, seine ihm unbekannte Heimat zu besuchen. Seine Mutter schlug besorgt die Hände über dem Kopf zusammen (wie das im übrigen auch die meine tat, als ich zum ersten Mal hinfuhr), da sie aber ihren Sohn nicht von der Reise abhalten konnte, bat sie ihn, ihr ein wenig Erde aus der Stadt ihrer Väter, aus Twer, mitzubringen, damit sie sie über dem Grab ihres Mannes in Paris ausstreuen könnte. Der Sohn begab sich also auf die eisige Winterreise und entstieg in Twer dem Zug. Um an ein wenig Erde zu kommen, mußte er erst einmal den Schnee wegkratzen. Als er dies unternahm, hörte er ein Stampfen schwerer Schritte, die sich ihm näherten. Ein Wachtposten mit Maschinenpistole ergriff ihn am Kragen und

verlangte in drohendem Ton zu wissen, wieso sich mein Freund an Staatseigentum zu schaffen mache. Kaum hatte er den Grund genannt, da drückte ihm der Wachsoldat seine Maschinenpistole in die Hand, fiel im Schnee auf die Knie nieder und ging den gefrorenen Boden mit großer Heftigkeit an. Dann wickelte er die gewonnene Erde sorgfältig in ein Stück Zeitungspapier und schnürte alles zu einem hübschen und festen Päckchen zusammen. Das tauschte er daraufhin schnell gegen seine MPi ein und setzte seinen Dienst an der sowjetischen Gegenwart fort, während mein Freund mit der in einer Nummer der ISWESTIJA eingewickelten Erde des heiligen Rußlands nach Paris zurückkehrte. (…)
Für den Russen ist sein Heimatland der Fels, an den er sich klammert. Jeder Schritt, der ihn davon entfernt, ist eine Strafe, jede Rückkehr ein Fest.

Im turktatarischen Kirgisien werden eigentümliche Brautwerbungsriten wiederbelebt, bei denen die jungen Burschen die Mädchen verfolgen – alles auf wilden Pferden mit teilweise arabischem Blut, die so schmale Köpfe und irre Augen haben wie auf den Gemälden von Delacroix und Gericault. Die Mädchen reiten mit Vorgabe los, und es ist das Ziel der Männer, sie bei rasendem Galopp zu küssen. Haben sie Erfolg, so findet die Werbung ein abruptes Ende. Mißlingt der Versuch, müssen sie zum Ausgangspunkt zurück, starten nun ihrerseits mit Vorgabe und werden von den Mädchen verfolgt, die mit langen, grausamen Peitschen bewaffnet sind, um damit ihre trägen Freier zu strafen. Der Vorgang läuft offensichtlich nicht ganz so willkürlich ab, wie es den Anschein hat. Die Mädchen, denen der Sinn nach Heirat steht, lassen sich fangen, während masochistische Männer sowieso nichts taugen.

* * *

Leidenschaft hat keinen Preis, man schenkt sich nur selbst. Nur stumpfe Illusionen können zum Verkauf stehen, und die sind von der Wahrheit so weit entfernt.

Teuflische Liebe

Neben dem Eingang zu Oscar's Wilde Life stand ein prachtvoll gebautes Mädchen, die Beine bis zu den Hüften sichtbar, in grobmaschigen, stellenweise zerrissenen Netzstrümpfen. Ihre Schuhe hatten Bleistiftabsätze, die, wenn sie sich ein wenig bewegte, den Eindruck vermittelten, als stände sie auf Stelzen. Ihr Minirock sah aus, als wäre er beim Waschen eingelaufen, und ihre Brüste glichen schwimmenden Hunden, begierig, ihre Nasenlöcher über dem Wasserspiegel zu halten. Ihr Gesicht war jung, aber verlebt. Ihre und Smith' Blicke begegneten sich, und etwas wie Erkennen flackerte auf.
»Kommst du mit, hm? ... Ich hab' dir 'ne Menge zu bieten ...«
»Vielleicht später ...«, sagte Mr. Smith und schob sich an ihr und einer blumigen Parfumwolke vorbei.
»Vielleicht gibt es kein Später ...«
Er ignorierte sie und betrat den hell erleuchteten Eingangsbereich zu Oscar's Wilde Life. Hinter einem Vorhang wurde es wieder dunkel. Ein als Popeye der Matrose verkleideter weibischer Schläger-

typ hielt Mr. Smith auf. Zu ihm gesellte sich ein älterer Mann mit weißen, nach vorn gekämmten Haaren, ebenfalls in einer an Jachtclubs erinnernden Manier gekleidet.
»Ich muß einen Blick in dein Täschchen werfen, Süßer«, sagte der Schläger. »Aus Sicherheitsgründen. Wir hatten schon zwei Bombendrohungen von faschistischen heterosexuellen Organisationen.«
Mr. Smith öffnete seine Tasche. Sie enthielt ein Schminkköfferchen, ein seidenes Bettjäckchen, seidene Unterhöschen, einen BH sowie einen lachsfarbenen Pyjama.
»Komm doch rein«, sagte der ältere der beiden Männer.
»Ich bin Oscar. Willkommen im Club. Komm, ich führ' dich herum. Wie heißt du?«
»Smith.«
»Wir verkehren hier alle per Vornamen.«
»Smith ist mein Vorname.«
»Aha. Hier entlang, Smith, Schätzchen.«
Mr. Smith folgte Oscar durch ein Gewirr exotischer Pflanzen, die sich plötzlich zu einer Art Dschungellichtung öffneten. Dort befand sich wunderbarerweise ein marmorner Swimmingpool mit neorömischen Mustern sowie plumpen visuellen Erotizismen, die Pompeji zur Ehre gereicht hätten. Das in

den Pool fließende Wasser trat aus einem vergoldeten männlichen Organ, so schäbig glänzend wie ein Stück Modeschmuck. Die beiden Anhängsel, in ebenso strahlend goldener Ausführung, erzeugten nach Belieben Wellen und trügerische Strömungen. Das bösartig grünliche Wasser war voll von kreischenden Männern, die ihr Talent zur Übertreibung auslebten. Am Beckenrand standen zwei nackte Schwarze, die Ohren mit falschen Steinen gespickt. Einem hingen mallorquinische Perlenketten um den Hals.
»Dies sind meine eingeborenen Träger«, kicherte Oscar.
»Jungs, begrüßt Smith.«
»*Jambo, jambo, bwana!*« riefen die beiden Männer in einem verzwickten rhythmischen Muster, das mit einem präzise aufeinander abgestimmten Tanz samt Handschlag endete.
Die Männer im Swimmingpool brüllten zustimmend.
»Jungs und Mädels«, rief Oscar mit anzüglichem Augenrollen. Beifall. »Dies ist Smith.« Höhnisches Gejohle. Tadelndes Händeklatschen Oscars. Als die Ruhe wiederhergestellt war, versuchte er es mit gutem Zureden: »Smith ist in Ordnung. Oscar hat einen Blick in sein Köfferchen geworfen.« Das alles in lockendem Singsang. »Und jetzt runter mit diesen

schauderhaften Kleidern in unserem barocken Entkleideraum und dann zeige dich in deiner wahren Pracht!«
Begeisterungstaumel. Während Oscar Smith wegführte, rief einer der Schwimmer laut: »Ich bin ganz wild auf Sommersprossen«, worauf ihn sein Liebhaber, der keine Sommersprossen hatte, spielerisch biß. (...)
Mr. Smith schaute sich in dem in Plüschrot und Knochenweiß gehaltenen Umkleideraum mit seinen Statuen römischer Jünglinge in albernen Positionen um. Er zog den Vorhang auf, um einen Blick in die Alkoven zu werfen, wo die Kleider hingen, und entdeckte eine Jeans, handbemalt mit Pfauen und Paradiesvögeln. Er spürte, wie sich eine tiefe Begeisterung seiner bemächtigte, wie er sie seit Jahren nicht erlebt hatte. Er probierte sie an. Sie paßte. Nichts, was die Badenden sonst noch abgelegt hatten, paßte sehr gut zu der Hose, aber er streifte ein weites, mattes, in einem zarten Violetton gehaltenes T-Shirt über, auf das vorne die Worte *»Call me Madame«* gedruckt waren. Er betrachtete sich im Spiegel. Was er sah, amüsierte ihn.
Er ... schnappte sich seine Tasche, rannte an Oscar vorbei, den er genau wie den muskulösen Popeye am Eingang beiseite schob, und erreichte die Straße.

Die Prostituierte war immer noch da, wo er sie zuerst gesehen hatte. Mr. Smith ergriff ihre Hand und zischte: »Schnell! Wohin gehen wir?«

Sie lief auf ihren Bleistiftabsätzen mit, wobei sie sich wie ein Fohlen anhörte.

»Hundert Piepen, für weniger mach' ich's nicht!« keuchte sie.

»In Ordnung, in Ordnung!«

Sie zog ihn in eine dunkle Einfahrt. Dort saß ein Mann, der nicht aufschaute.

»Ich bin's, Dolores«, sagte sie.

»Hundertsechzehn«, sagte der Mann und reichte ihr einen Schlüssel mit Anhänger.

Sie nahm den Schlüssel und stieg auf einer schmalen Treppe in den ersten Stock. Als sie die Tür fand, schloß sie auf, knipste das Licht an und führte Mr. Smith herein, um mit ihm das spartanische Elend dieser Kammer zu teilen, die für ein paar kostbare Momente dem Laster diente. Hinter Mr. Smith schloß und verriegelte sie die Tür. Dann lud sie ihn ein, sich auf das Bett zu setzen, was er tat; sie drehte an einem Schalter neben der Tür, woraufhin das grelle weiße durch häßliches rotes Licht ersetzt wurde. Sie zündete eine Zigarette an und bot Mr. Smith eine an, der ablehnte.

»Dolores«, sagte er.

»Ja?«
»Das ist ein schöner Name.«
Sie war nicht zur Zeitverschwendung hier. »Worauf stehst du?« fragte sie.
»Stehen? Die Frage verstehe ich nicht.«
»Du bist doch nicht wegen stinknormalem Sex hier, oder? So siehst du jedenfalls nicht aus.«
»Ich weiß nicht.«
Irritiert zog sie an ihrer Zigarette. »O. K., ich nenn' dir also den Tarif«, sagte sie. »Vielleicht kommen dir die Preise übertrieben vor, aber ich bin in sämtlichen Varianten sehr erfahren, von normal bis ausgefallen. Der Grundbetrag ist hundert Piepen, wie schon gesagt. Normal ist dann zwanzig Piepen für alle folgenden zehn Minuten.«
»Normal?« fragte Mr. Smith mürrisch.
»Klar. Normaler Verkehr, ohne irgendwelche Extras. Willst du wie ein Schuljunge geprügelt werden, kostet das für alle folgenden zehn Minuten fünfzig Piepen Aufpreis auf den Grundbetrag. Wenn das dein Ding ist, geh' ich nach oben in die Garderobe, tja, und zieh' mich an wie eine Gouvernante, falls du ein Sklave sein willst, kostet dich das fünfundsiebzig alle fünfzehn Minuten, dann ziehe ich mich als Gebieterin oder Göttin um, was dir lieber ist. Willst du mich auspeitschen, kostet das mindestens hun-

dert Piepen pro fünfzehn Minuten, feste Schläge sind untersagt. Ich hab' Kostüme für französische Dienstmädchen und Schülerinnen, nägelbeschlagene lederne Handschellen, Halsbänder, hölzerne Fußknöchelfesseln, außerdem Brustwarzenklammern, Vibratoren und Dildos. Was soll's sein?«
»Wo bleibt die Leidenschaft?« rief Mr. Smith mit einer Stimme wie ein Orgelton.
»Die was?« fragte die verängstigte Dolores.
»Die Leidenschaft«, fauchte Mr. Smith. »Es kann keine Laster ohne Leidenschaft geben, ohne die jähe Reise zu den Extremen der menschlichen Möglichkeiten, ein Delirium so nahe dem Tod, wie es geht, ein Kaleidoskop der Sinne, etwas, das sich jeder Beschreibung entzieht. Leidenschaft. Sie hat keinen Preis.«
»Dann verschwinde von hier«, schrie Dolores, von ihrer Angst ermutigt. »Ohne Preis gibt's bei mir nichts.«
»Hier sind tausend Dollar«, sagte ein plötzlich vernünftiger Mr. Smith. »Tu das, was ich deiner Meinung nach verdiene.«
»Tausend Dollar!« Dolores war überwältigt. »Soll ich dich fesseln?«
»Ich will mich nicht anstrengen. Ich bin total übermüdet.«

»Als was soll ich mich verkleiden?«
»Ich habe für deinen Körper bezahlt, nicht für Kleider.«
»Dann zieh dich aus ...«
In dem altersschwachen kleinen Nachttischradio fand Dolores etwas Rockmusik, zu der sie sich bewegte, was für sie einer Rückkehr zur Vernunft gleichkam. Mit den ihrer Meinung nach sinnlichen Bewegungen ihrer Hüften reagierte sie auf den monotonen Beat der Musik und auf den unverständlichen Text, der aus einem einzigen, immer und immer wiederholten Satz in einer nicht näher definierten Sprache bestand.
Mr. Smith beobachtete sie durch halbgeschlossene Augen. Während sie eine Prozedur begann, die für sie der Schlüssel zum Sex in all seiner rhythmischen Intensität war, gewann Mr. Smith den Eindruck, er habe sich auf eine Reise in die tiefsten Tiefen der Langeweile begeben. Vor sich hin wackelnd, löste sie die Verschlüsse ihres Minirocks, der gehorsam zu Boden glitt. Sie versuchte, den Rock von ihren Füßen zu entfernen, indem sie aus ihm trat und gleichzeitig ihren Rhythmus beibehielt, doch der Rock verfing sich in einem ihrer Absätze, so daß sie beinahe stürzte. Einen Sekundenbruchteil lang schien Belustigung Mr. Smith' hingebungsvolle

Langeweile zu gefährden, doch Dolores fing sich, so daß Mr. Smith wieder von seinem Dämmerzustand umfangen wurde. Zur Musik öffnete Dolores den BH und gab ihre Brüste frei, die ihre natürliche Stellung einnahmen, zum Beat wackelten, als führten sie ein Eigenleben.

Mr. Smith bemerkte die tiefen Rillen, wo das Kleidungsstück ins Fleisch geschnitten hatte. Als die Netzstrümpfe hinuntergerollt waren, folgte der Slip, was den Körper eine ganze Serie ungraziöser Stellungen durchlaufen ließ, und als Dolores zum ersten Mal in all ihrer arroganten Nacktheit sichtbar wurde, nahm Mr. Smith, bevor ihn das Vergessen einholte, als letztes noch einmal die Einschnitte der Gummibänder wahr, die sich wie die Laufspur eines Hundertfüßlers rund um die Taille und quer über die Pobacken zogen.

Als Mr. Smith aufwachte, gab das Radio nur noch ein unangenehmes Knistern von sich. Er sah sich um und ihm wurde klar, daß eine nackte Frau geschafft hatte, was Jahrhunderten des Existierens nicht gelungen war. Sie hatte ihn eingeschläfert. Er griff in seine Tasche. Sein Geld war weg. Wütend lief er zur Tür und nach unten. Der nicht aufschauende Mann war fort. Die Lampe über dem Pult war aus.

* * *

Welchen Sinn hat die Fleischeslust, wenn sie nicht aus einer Art brennender Torheit entsteht, aus etwas ebenso Unkontrollierbarem wie – während des Akts – Kontrolliertem? Wenn du unbedingt peitschen mußt, dann peitsche gefälligst wie der Marquis de Sade, bis an die Pforte des Todes. Wenn du unbedingt leiden mußt, dann leide wie ein Märtyrer. Wenn du unbedingt vögeln mußt, dann vögle wie Casanova.

Alles hat sein Recht, selbst Pornographie, die in etwa so erregend ist wie das Wartungsheft eines neuen Autos. Sie sagt, wie man es macht, ohne ihrem Thema auch nur einen Hauch von Begeisterung zu geben.

Eine Versuchung, der man sofort nachgibt, ist keine Versuchung mehr. Die richtige Versuchung kommt erst, wenn man sich die Sache nochmals überlegt hat.

Es macht mir kein Vergnügen, Jugend zu verführen. Ich kann es nicht mehr ertragen, die Hoffnung in jungen Augen zu sehen. Diese Hoffnung auf Dauer – auf Ewigkeit. Sie blendet mich, und das Ergebnis ist, daß ich mich wie ein Narr aufführe. Ich lache gern über andere, nicht über mich.

Ich kenne keinen, der nicht zusammengezuckt wäre, als er zum ersten Mal einen reifen Camembert probierte. Dann findet man Geschmack daran. Und von da an kann es eine Sucht werden. Wie die meisten Dinge im Leben.

* * *

Wahrscheinlich bin ich deswegen sehr glücklich, weil ich nie zufrieden bin.

* * *

Quellennachweis

Da ich auf keinerlei Gebiet Experte bin ... aus: Ustinovs Rußland, Düsseldorf 1992, S. 106.

Lachen ist Therapie ... aus: Der Alte Mann und Mr. Smith, Düsseldorf 1992, S. 155.

Ein Kind ist nicht das einzige ... aus: Endspurt, S. 176, in: »Komödien«, Stuttgart 1968.

Wie hätten Tristan und Isolde ... aus: Ich und Ich, Erinnerungen, Düsseldorf 1990, S. 86.

Schokolade – ebenso wie die Liebe ... aus: Der unbekannte Soldat, S. 318, in: »Komödien«.

Der liebe Gott war Junggeselle ... aus: Ustinovitäten, Einfälle und Ausfälle von Peter Ustinov, Stuttgart 1972, S. 14.

Jules-César Benois ... aus: Ich und Ich, S. 30–34.

Darin liegt die Ironie ... aus: Die Liebe der vier Obersten, S. 55, in »Komödien«.

Angeblich war mein Vater eifersüchtig ... aus: Ich und Ich, S. 74.

Das Bedürfnis und das Unvermögen ... aus: Ich und Ich, S. 433.

Als junger Offizier im Garderegiment ... aus: Ich und Ich, S. 17/18 (...) S. 19–21.

Zu meiner Zeit gab es Dinge ... aus: Ustinovitäten, S. 47.

Es gibt ein natürliches Komplizentum ... aus: Ich und Ich, S. 79.

Aus irgendeinem Grund galt ich als anerkannter Automobilfachmann ... aus: Ich und Ich, S. 99–103.

Nach dem Tod meines Großvaters ... aus: Ich und Ich, S. 104–107.

Für das erotische Frühlingserwachen ... aus: Der Verlierer, München 1960, S. 47.

Ich glaube, Fragen sind wichtiger als Antworten ... aus: Berliner Lektion am 11. Oktober 1992, hrsg. Bertelsmann AG, Gütersloh, Ustinov im Gespräch mit Krone-Schmalz, S. 210.

Genauso wie die Liebe bedarf ... aus: Der Verlierer, S. 157/58.

Es ist dem Menschen sogar gelungen ... aus: Der Alte Mann und Mr. Smith, S. 226.

Aus meiner Militärzeit erinnere ich mich ... aus: Ich und Ich, S. 224/25.

Es gibt Männer, für die ist das Leben ein Dossier ... aus: Gott und die Staatlichen Eisenbahnen, S. 124.

Kinder vergessen, daß sie zwar ... aus: Ich und Ich, S. 80.

Mein Vater hatte große, ausdrucksvolle Augen ... aus: Ich und Ich, S. 67–69.

Es gibt keine alten Männer mehr ... aus: Ich und Ich, S. 441.

Es gibt ein Foto von mir ... aus: Ich und Ich, S. 177/78.

Meine Mutter war eine bemerkenswerte Frau ... aus: Ich und Ich, S. 81.

Mein Kindermädchen hatte die Angewohnheit ... aus: Ich und Ich, S. 61–63.

In der Mühelosigkeit liegt keine Tugend ... aus: Der Alte Mann und Mr. Smith, S. 219.

Wenn ich an Bällen ... aus: Ich und Ich, S. 136/37.

Mein Lebensziel war ... aus: Ich und Ich, S. 139.

Besser eine Generation ... aus: Ich und Ich, S. 178/79.

Bei meiner Selbstfindung half mir ... aus: Ich und Ich, S. 150–152.

Ich lernte, daß offenbar alle Frauen ... aus: Ich und Ich, S. 317.

Isolde wußte ein wenig über die Realitäten ... aus: Ich und Ich, S. 176/177 (...), S. 178 (...), S. 179/180 (...), S. 282/283.

Eine Ehe ist schon ruiniert ... aus: Endspurt, S. 145, in: »Komödien«.

Geschenkter Hund ... aus: Gott und die Staatlichen Eisenbahnen, Düsseldorf 1992, S. 136–63.

Gatte! Was für ein lästiges Ding ... aus: Die Liebe der vier Obersten, S. 50, in: »Komödien«.

Es gibt eine, an die ich immer wieder denken muß ... aus: Endspurt, S. 155, in: »Komödien«.

Trotz Tamaras zauberhaftem Herumtollen ... aus: Ich und Ich, S. 292/93.

Etwas später entdeckte ich beim Herumstöbern ... aus: Ich und Ich, S. 344–347 (...) S. 348.

Es ist schon eine große Freude zu beobachten, wie die eigenen Kinder ... aus: Ustinovitäten, S. 42.

Sofort nach der Heirat fuhren wir nach Hollywood ... aus: Ich und Ich,

S. 356/57 (...) S. 361–363 (...) S. 366/367 (...) S. 404 (...) S. 406 (...) S. 407.

Solange die Frauen jung sind ... aus: Endspurt, S. 153, in: »Komödien«.

Wie alle guten Frankokanadier ... aus: Ich und Ich, S. 408/09.

Für den Augenblick zu leben, kann durchaus aufregend sein ... aus: Ich und Ich, S. 321/22.

Da wird eine Menge romantischer Quatsch geredet ... aus: Der Intrigant, Düsseldorf 1990, S. 115.

Das Ende meiner ersten Ehe kam mir merkwürdig lau vor ... aus: Ich und Ich, S. 293–296 (...) und S. 480–484.

Der Liebhaber wird einen Spatz ... aus: Ustinovitäten, S. 39.

Je mehr meine Ehen den Bach hinuntergingen ... aus: Ich und Ich, S. 486.

Ich bin so sehr gegen Enttäuschungen ... aus: Die Liebe der vier Obersten, S. 58, in: »Komödien«.

Mein Privatleben war zwar weniger chaotisch ... aus: Ich und Ich, S. 343/44.

Mein Leben ist wie eine Forschungsreise durch die Welt der Frauen gewesen ... aus: Die Liebe der vier Obersten, S. 92, in: »Komödien«.

Die größte Liebe ist immer die, die unerfüllt ... aus: Endspurt, S. 116, in: »Komödien«.

Jetzt war Krumnagel im Schlafanzug ... aus: Krumnagel, Düsseldorf 1993, S. 35 und (...) S. 40–46.

Ist Ihnen nie aufgefallen, daß ... aus: Die Liebe der vier Obersten, S. 17, in »Komödien«.

Als er die Augen schloß, wußte er, daß die schönste Frau ... aus: Gott und die Staatlichen Eisenbahnen, S. 242.

Ich sage Dir was, Edie ... aus: Krumnagel, S. 285–288 (...) S. 290–293 und (...) S. 294–297.

Weiß verlangt nach schwarz, wie eine Frau ... aus: Der Alte Mann und Mr. Smith, S. 130.

Monsieur Plageot war unverheiratet ... aus: Gott und die Staatlichen Eisenbahnen, S. 116.

Beim Aperitif unterhalten sie sich ... aus: Der Verlierer, S. 311/12.

Auch die Einsamkeit hat ihre ausgesprochen angenehmen Seiten ... aus: Ich und Ich, S. 316.

Den richtigen Partner ... aus: Halb auf dem Baum, S. 255, in: »Komödien«.

Also, ich habe viele Fehler gemacht ... aus: Ich und Ich, S. 490.
Als junger Mensch konnte ich noch Liebeskummer haben ... aus: Ich und Ich, Erinnerungen, S. 490/91.
Der Glückliche ist großzügig ... aus: Gott und die Staatlichen Eisenbahnen, S. 123.
Der Wunsch zu vergeben ... aus: Der Alte Mann und Mr. Smith, S. 128.
Kiew, jene andere Stadt ... aus: Ustinovs Rußland, S. 73/74.
Am Ende liegt allen Traditionen ... aus: Über Gott und die Welt, S. 130.
Das allgemeine Maß an Aufrichtigkeit ... aus: Ustinovs Rußland, S. 78/79.
Ich werde oft gefragt, ob ich englisch fühle ... aus: Über Gott und die Welt, Düsseldorf 1993, S. 51.
Alle Nationen haben ihre geistigen Altarbilder ... aus: Über Gott und die Welt, S. 53/54.
Ich kann knallhart sein ... aus: Ich und Ich, S. 237.
Wenn ein russischer Schriftsteller stirbt, wird ... aus: Ustinovs Rußland, S. 59/60.
Nicht die Liebe ... aus: Endspurt, S. 180, in: »Komödien«.
Es ist irgendwie beunruhigend ... aus: Über Gott und die Welt, S. 106.
Ehrfurcht, Liebe, inniges Gefühl ... aus: Ustinovs Rußland, S. 8/9 und (...) S. 25.
Im turktatarischen Kirgisien ... aus: Ustinovs Rußland, S. 92.
Leidenschaft hat keinen Preis ... aus: Der Alte Mann und Mr. Smith, S. 71.
Neben dem Eingang zu Oscar's Wilde Life ... aus: Der Alte Mann und Mr. Smith, Düsseldorf, S. 60–66.
Welchen Sinn hat die Fleischeslust ... aus: Der Alte Mann und Mr. Smith, S. 71.
Alles hat sein Recht ... aus: Über Gott und die Welt, S. 258.
Eine Versuchung, der man sofort nachgibt ... aus: Ustinovitäten, S. 51.
Es macht mir kein Vergnügen ... aus: Die Liebe der vier Obersten, S. 58, in: »Komödien«.
Ich kenne keinen, der nicht zusammengezuckt wäre ... aus: Über Gott und die Welt, S. 50.
Wahrscheinlich bin ich deswegen so glücklich ... aus: Ustinovitäten, S. 15.

Von Peter Ustinov sind in unserem Haus folgende Titel erschienen

Gott und die Staatlichen Eisenbahnen
Erzählungen

Der Intrigant
Zwei Novellen

Mit besten Grüßen
Kurzessays

Krumnagel
Roman

Was ich von der Liebe weiß
Beflügelte Weisheiten

Der Verlierer
Roman

Ich und Ich
Erinnerungen

Sir Peter Ustinov, geboren am 16. April 1921 in London, ist der Sohn eines russisch-französischen Künstlerehepaares, liberaler Kosmopolit, UNICEF-Botschafter und Multitalent. Zu Weltruhm gelangte das Allround-Genie durch Film, Fernsehen, Theater, Oper und nicht zuletzt als Romancier.

Der Mann, der es leicht nahm
Erzählungen

Peter Ustinovs geflügelte Worte
Aphorismen

Der Alte Mann und Mr. Smith
Roman

Econ | ULLSTEIN | List